AF341247

Vedel - Bauer, de Saint-...

LIVRE-ATLAS

DE Géographie

Cours Moyen
(Certificat d'Études)

33 GRAVURES À ...

LIBRAIRIE LAROUSSE ❋ ...

LIVRE-ATLAS

DE

GÉOGRAPHIE

PAR

VEDEL, BAUER & DE SAINT-ÉTIENNE

Tableaux graphiques. — 30 Gravures.
40 Cartes en couleurs.

DEUXIÈME ÉDITION

PARIS

LIBRAIRIE LAROUSSE

17, RUE MONTPARNASSE, 17

SUCCURSALE : Rue des Écoles, 58 (Sorbonne)

Tous droits réservés.

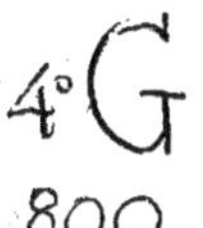

AVIS

Ce nouveau volume de notre **Cours de Géographie** répond tout spécialement au programme du Certificat d'études et correspond au *Cours moyen* des écoles primaires.

La géographie de la France et de ses colonies, considérée au point de vue physique, politique et économique, constitue la partie la plus importante de l'ouvrage.

De plus, et bien que le programme du Cours moyen soit muet sur ce point, nous avons cru devoir introduire dans ce Livre-Atlas, avec des notions générales préparant à l'enseignement géographique proprement dit, une étude suffisamment développée de l'Europe et des autres parties du monde.

Cet ensemble forme un cours à la fois rationnel et complet, bien adapté à l'âge des enfants et aux besoins de l'enseignement primaire élémentaire.

Comme dans le *Cours élémentaire* et le *Cours supérieur* précédemment parus, des cartes très complètes et très lisibles, de jolies gravures, d'intéressants tableaux graphiques illustrent le texte en le commentant. C'est un véritable enseignement par l'aspect, et les élèves apprendront déjà un peu de géographie rien qu'en feuilletant leur Livre-Atlas.

Les questionnaires, les devoirs, les exercices cartographiques ont été très étudiés et sont présentés d'une façon méthodique; ils allégeront la besogne du maître en facilitant des revisions rapides et contribueront à fixer son enseignement dans les jeunes intelligences.

Accroître chez nos enfants l'intérêt que tout le monde doit porter aux études géographiques, à l'heure où la terre entière est explorée, conquise, partagée; leur enseigner à bien connaître leur pays, pour l'apprécier et l'aimer toujours davantage : telle est la tâche que nous nous sommes efforcés de remplir dans les limites de ce modeste ouvrage (1).

Les Auteurs.

(1) Avis pour la seconde édition. — D'importantes additions et modifications, visant à rendre cet ouvrage aussi complet que possible, ont été apportées aux chapitres relatifs à la géographie physique et politique de la France.

TABLE DES MATIÈRES

NOTIONS PRÉLIMINAIRES

1. Étoiles. Le Soleil. — L'*Univers* est l'ensemble des corps célestes : étoiles, planètes et comètes.

Les *étoiles* sont des astres lumineux par eux-mêmes; elles conservent toujours la même position les unes par rapport aux autres.

L'étoile la plus rapprochée de nous est le *Soleil*.

Nous sommes distants du Soleil de plus de 148 millions de kilomètres. Un train express, qui ferait 60 kilomètres à l'heure, emploierait environ 266 ans à franchir cet espace prodigieux; la lumière solaire, cependant, nous arrive en 8 minutes.

Un groupe d'étoiles se nomme *constellation* : Ex., la Grande Ourse.

2. Planètes. La Terre. — Les *planètes* ne sont pas lumineuses par elles-mêmes; elles tournent autour du Soleil et en reçoivent lumière et chaleur.

Les principales planètes sont : Mercure, Vénus, la Terre, Mars, Jupiter, Saturne, Uranus et Neptune.

Les planètes sont ordinairement accompagnées de globes plus petits, qui tournent autour d'elles tandis qu'elles-mêmes tournent autour du Soleil. Ces globes sont des *satellites*.

La *Terre* que nous habitons est une planète. Elle n'est donc pas immobile dans l'espace; elle tourne à la fois sur elle-même et autour du Soleil.

Ce double mouvement peut se comparer à celui d'une toupie qui pivote sur sa pointe et trace en même temps un grand cercle autour d'un point, en apparence immobile, qui représenterait le Soleil.

La Terre accomplit ce mouvement autour d'une ligne imaginaire qui passerait par son centre et que l'on nomme *axe*. Les deux points où cette ligne est supposée percer la surface du globe s'appellent *pôles;* l'un est le *pôle nord*, l'autre le *pôle sud*.

3. Mouvements de la Terre. — La Terre tourne sur elle-même en *un jour* ou *24 heures*, avec une vitesse de cinq lieues environ par minute.

Dans ce mouvement, elle présente continuellement une moitié de sa surface au Soleil, qui l'éclaire tandis que l'autre moitié est plongée dans les ténèbres. Ce mouvement de la Terre sur elle-même, appelé *rotation*, produit donc la succession des *jours* et des *nuits*.

La Terre tourne autour du Soleil en *un an*, ou *365 jours et 6 heures;* plus exactement, en 365 jours, 5 heures, 48 minutes.

Ces 6 heures font, tous les 4 ans, un jour qui s'ajoute à la fin de février. Le mois de février compte alors 29 jours au lieu de 28 et l'année est dite *bissextile :* elle a 366 jours au lieu de 365.

Cependant, pour prévenir l'erreur qui résulte du fait de compter 6 heures au lieu de 5 heures 48 minutes, on ne considère pas comme bissextiles les *années séculaires* dont le nombre de siècles n'est pas divisible par 4. Ainsi, 1900 ne sera pas une année bissextile, 19 n'étant pas divisible par 4.

Le mouvement de la Terre autour du Soleil est appelé *translation*.

Le chemin que décrit la Terre autour du Soleil, avec une vitesse de 27.000 lieues à l'heure environ, est une courbe allongée nommée *orbite terrestre*.

4. Forme et grandeur de la Terre. — La Terre est ronde comme une boule, bien que légèrement aplatie vers les pôles et renflée à l'équateur.

Elle a 40.000 kilomètres ou 10.000 lieues de tour.

La Terre est 1.400.000 fois plus petite que le Soleil.

5. La Lune. — La *Lune* aussi est une planète, et, comme la Terre, elle reçoit la lumière du Soleil.

La Lune est 50 fois plus petite que notre globe, dont elle est distante de 375.000 kilomètres. Cet espace serait franchi en 253 jours par le même train qui mettrait 266 ans pour aller au Soleil.

La Lune, tout en tournant sur elle-même, tourne autour de la Terre (en 27 jours 8 heures): c'est, à cause de cela, qu'elle est appelée *satellite de la Terre*.

Éclairée par le Soleil, elle se présente à nous sous différents aspects ou *phases :* elle prend successivement la forme d'un croissant, d'un demi-cercle ou d'un cercle, suivant la position qu'elle occupe par rapport à la Terre ou au Soleil. On distingue quatre phases principales : *nouvelle Lune, premier quartier, pleine Lune, dernier quartier*.

PHASES DE LA LUNE : 1. Nouvelle Lune (invisible); — 2. Croissant de la Lune avant le premier quartier; — 3. Premier quartier; — 4. Pleine Lune; — 5. Dernier quartier; — 6. Croissant de la Lune après le dernier quartier.

6. Éclipses. — Lorsque la Lune passe exactement entre la Terre et le Soleil, elle cache l'astre du jour à une partie de la Terre; il y a *éclipse de Soleil*.

Éclipse de Soleil.

DEVOIRS. — 1. Qu'est-ce que l'Univers? Quelle est l'étoile la plus rapprochée de nous? Qu'appelle-t-on constellation? — 2. Qu'est-ce qu'une planète? Nommez les principales planètes. Parlez de la Terre, considérée comme planète. Qu'appelle-t-on axe de la Terre? Où sont situés les deux pôles? — 3. En combien de temps la Terre tourne-t-elle : 1° Sur elle-même; 2° Autour du Soleil? — 4. Combien de kilomètres a le tour de la Terre? — 5. Quel temps met la Lune pour tourner autour du Soleil? Citez les différentes phases de la Lune. — 6. Quand y a-t-il : 1° éclipse de Soleil; 2° éclipse de Lune?

Lorsque, au contraire, c'est la Terre qui passe exactement entre le Soleil et la Lune, elle empêche les rayons solaires d'arriver à son satellite ; il y a *éclipse de Lune*.

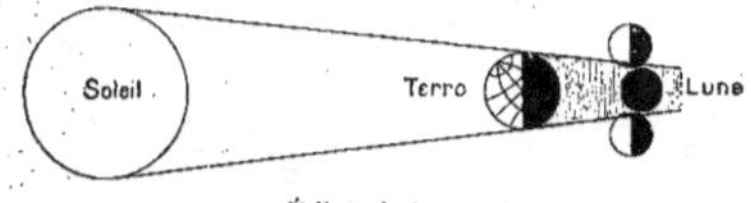

Éclipse de Lune

Les éclipses sont *totales* quand l'astre ou la planète disparaissent entièrement à notre vue ; elles sont *partielles* quand une partie seulement de cet astre ou de cette planète nous est cachée.

7. Comètes.

Les *comètes* sont des corps errants accompagnés d'une traînée lumineuse appelée *queue*.

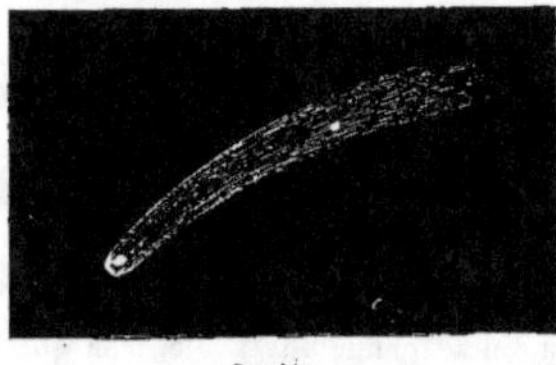

Comète.

Tout ce cortège d'astres, qui circulent autour du Soleil, forme le *système solaire*.

8. Les Saisons.

— Dans son double mouvement autour du Soleil, la Terre incline vers le Soleil tantôt le pôle nord, tantôt le pôle sud.

Ce mouvement donne lieu aux *saisons*.

Dans nos contrées, il y a quatre saisons : le *printemps*, l'*été*, l'*automne* et l'*hiver*.

Le PRINTEMPS commence le 20 mars, à l'*équinoxe de printemps*, époque à laquelle le jour et la nuit sont égaux en durée.

L'ÉTÉ commence le 21 juin, au *solstice d'été*, époque où le jour est le plus long de l'année.

L'AUTOMNE commence le 22 septembre, à l'*équinoxe d'automne*, époque à laquelle le jour et la nuit sont égaux en durée.

L'HIVER commence le 21 décembre, au *solstice d'hiver*, époque où le jour est le plus court de l'année.

Les parties de la Terre qui reçoivent plus directement les rayons solaires ont le printemps ou l'été ; les parties opposées ont l'automne ou l'hiver.

9. L'Horizon. Preuve de la rotondité de la Terre.

Placez-vous sur un point élevé, au milieu d'une plaine, et regardez autour de vous. Que voyez-vous très loin, à l'endroit où votre vue s'arrête ?

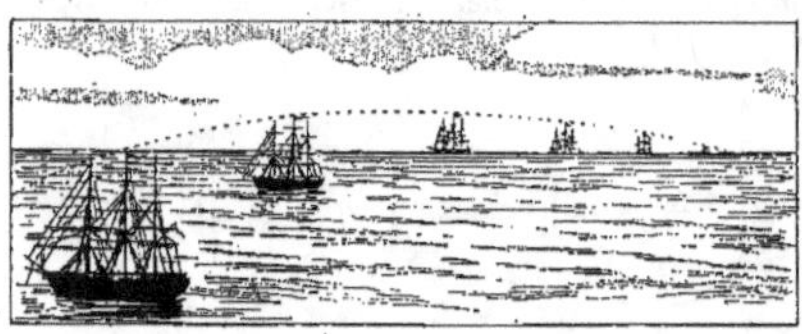

Une preuve de la rotondité de la Terre.

Vous voyez une ligne circulaire où ciel et terre semblent se confondre : cette ligne se nomme l'*horizon*.

L'*horizon* est la ligne qui limite notre vue.

Supposez-vous placé sur le bord de la mer, et regardez un navire qui s'éloigne. Si la surface sur laquelle il glisse était plane, vous verriez sa grosseur diminuer peu à peu, mais vous l'apercevriez toujours tout entier. Est-ce ainsi que les choses se passent ? Non : vous commencez par perdre de vue la coque du navire, et quand celle-ci n'est plus visible, vous continuez de voir les mâts, puis seulement leur extrémité, et le pavillon qui flotte au sommet du plus élevé est la dernière chose qui disparaît. Cela prouve que le navire suit une ligne courbe, sur laquelle il semble descendre.

10. Les quatre Points cardinaux.

— Le Soleil apparaît le matin en un point de l'horizon et disparaît le soir du côté opposé.

L'endroit où le Soleil paraît le matin se nomme *levant*, *est* ou *orient*. Le côté opposé, où il disparaît le soir, se nomme *couchant*, *ouest* ou *occident*.

Quand on a le Soleil levant à sa droite, le couchant est

Les quatre points cardinaux.   Rose des vents.

à gauche, le *nord* ou *septentrion* est devant soi, le *sud* ou *midi* derrière.

Le *nord*, le *sud*, l'*est* et l'*ouest* sont les quatre points cardinaux.

Entre ces quatre points cardinaux, on place quatre autres points intermédiaires appelés *points collatéraux* : le *nord-est*, entre le nord et l'est ; le *nord-ouest*, entre le nord et l'ouest ; le *sud est*, entre le sud et l'est ; le *sud-ouest*, entre le sud et l'ouest.

La figure qui représente tous ces points se nomme la *rose des vents*.

11. L'Orientation.

— Il est nécessaire aux voyageurs, et surtout aux marins, de *s'orienter*, c'est-à-dire de reconnaître la direction de l'orient et des autres points cardinaux.

Dans le jour, il est facile de s'orienter à l'aide du *Soleil* ; pendant la nuit, l'*Étoile polaire* indique la direction du nord.

L'*Étoile polaire* est une étoile de moyen éclat, assez isolée pour qu'on la distingue tout de suite dans un ciel clair quand on la connaît bien.

Boussole.   Étoile polaire.

Voici d'ailleurs une manière sûre de la trouver. En examinant le ciel on ne peut manquer de distinguer la constellation de la *Grande-Ourse* (appelée aussi *Chariot de David*) formée de sept étoiles : quatre disposées en quadrilatère figurent les roues du chariot, trois autres en ligne brisée figurent les trois chevaux du char. Tirez par la pensée une ligne droite passant par les deux roues de derrière du chariot ; sur cette direction, à une distance égale à trois fois la distance des roues, vous verrez l'Étoile polaire scintillant avec plus d'éclat que les étoiles ses voisines.

Mais lorsque le ciel est couvert de nuages, et qu'on ne peut apercevoir ni le Soleil, ni l'Étoile polaire, on s'oriente au moyen d'un instrument très précieux, la *boussole*.

La boussole se compose d'un cadran autour duquel sont marqués les points cardinaux et les points collatéraux, qui forment la rose des vents. Au centre du cadran, sur un pivot, se meut librement l'aiguille dont la pointe aimantée se tourne vers le nord.

12. Représentation de la Terre. — Pour représenter la Terre on se sert, soit de *globes* ou *sphères* mobiles sur un pied, soit de *cartes* planes qui sont plus commodes.

Pour bien vous rendre compte de la représentation de la Terre sur une carte plane, figurez-vous qu'on a coupé le globe terrestre en deux parties, comme vous coupez une orange, de haut en bas, et qu'on a placé les deux demi-boules l'une à côté de l'autre en les aplatissant. (V. page 7.)

La Terre dans l'espace.

Sphère mobile sur pied.

La carte qui représente ces deux demi-boules, ces deux demi-sphères se nomme *planisphère* (sphère sur un plan) ou *mappemonde* (nappe du monde).

13. Orientation sur une carte. — Sur une carte qui représente la Terre ou une de ses parties, le *nord* est en haut ; le *sud*, en bas ; l'*est*, à droite ; l'*ouest*, à gauche.

Orientation sur la carte.

14. Pôles. Équateur. — L'extrémité nord de l'axe terrestre s'appelle le *pôle nord* ; l'extrémité sud, le *pôle sud* (V. p. 3, n° 2).

Le grand cercle imaginaire, qui entoure la Terre comme une ceinture, à égale distance des deux pôles, se nomme *équateur*, mot qui veut dire : ligne de partage égal.

L'équateur divise la Terre en deux demi-sphères ou *hémisphères* : l'*hémisphère nord* ou *boréal* (ainsi nommé de Borée, le vent du nord), et l'*hémisphère sud* ou *austral* (d'Auster, le vent du sud). (Voir p. 10.)

L'équateur, comme toute circonférence, est divisé en 360 degrés ; il mesure 40.000 kilomètres.

15. Tropiques. Cercles polaires. — Sur les globes terrestres figurent deux cercles, situés l'un au nord de l'équateur, le *tropique du Cancer* ; l'autre au sud, le *tropique du Capricorne*.

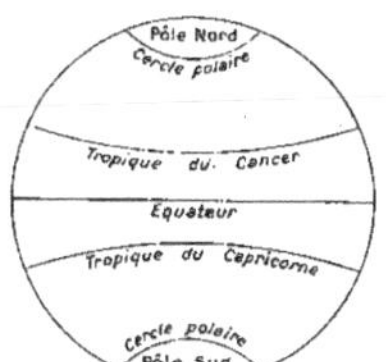

TROPIQUES. — Cercles polaires.

C'est entre les deux tropiques que s'effectue le mouvement annuel apparent du Soleil autour de la Terre. Le Soleil atteint le tropique du Cancer au *solstice d'été*, et le tropique du Capricorne au *solstice d'hiver*.

Entre les tropiques et les pôles se trouvent les *cercles polaires* : au nord, le cercle polaire arctique ; au sud, le cercle polaire antarctique.

À l'équateur, le jour et la nuit sont toujours de douze heures.
Pour les lieux situés entre l'équateur et les cercles polaires, la longueur des jours varie avec les saisons.
Aux pôles, le jour est de six mois et la nuit de même durée.

16. Parallèles. Méridiens. — Les cercles qui sont supposés couper la Terre, parallèlement à l'équateur, se nomment *parallèles*.

Les demi-cercles qui passent par les pôles, et coupent l'équateur perpendiculairement, se nomment *méridiens*.

Le méridien à partir duquel on compte les autres est le *méridien d'origine* ou 1er méridien : il est marqué zéro. Le méridien zéro de la France passe à Paris.

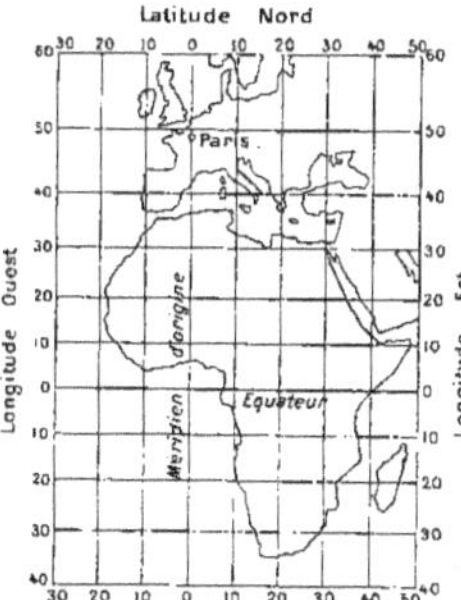

Parallèles et Méridiens.

17. Longitude. Latitude. — La distance d'un point au 1er méridien se nomme la *longitude* de ce lieu. La longitude se compte en degrés sur l'équateur, à partir du méridien d'origine.

La longitude est *occidentale* (longitude ouest) ou *orientale* (longitude est), suivant que le point se trouve à l'ouest ou à l'est du 1er méridien.

La distance d'un lieu quelconque à l'équateur donne la *latitude* de ce lieu. La latitude se compte en degrés sur le méridien à partir de l'équateur. L'équateur est marqué zéro.

La latitude est *septentrionale* (latitude nord) ou *méridionale* (latitude sud) suivant que le point se trouve au nord ou au sud de l'équateur.

Longitude et Latitude.

Les degrés de longitude et de latitude servent à déterminer la position d'un lieu sur le globe.

18. Antipodes. — Nous appelons *antipode* le point de la surface terrestre directement opposé à celui que nous occupons. La Nouvelle-Zélande est **aux antipodes de la France.**

Les hommes qui vivent aux antipodes ont les pieds opposés aux nôtres : ils sont maintenus au sol par la même force qui nous y retient ; comme nous, ils ont la terre sous leurs pieds et le ciel au-dessus de la tête.

Il n'y a donc, en réalité, ni haut ni bas sur le globe terrestre.

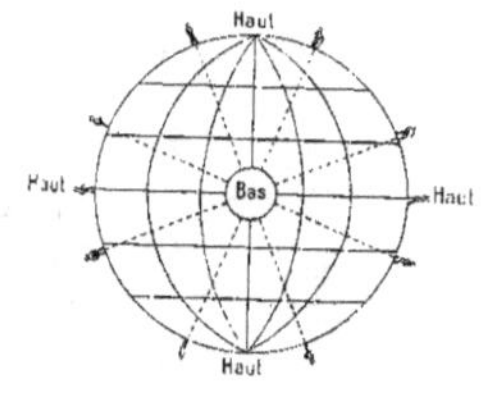

Antipodes.

19. Climats. — Le *climat* d'une région dépend, en majeure partie, de son éloignement de l'équateur.

Les tropiques et les cercles polaires découpent le globe terrestre en cinq bandes ou *zones*, où le Soleil darde ses rayons plus ou moins directement.

Entre les tropiques, c'est la zone la plus chaude, la *zone torride*; les *deux zones tempérées* s'étendent des tropiques aux cercles polaires; les *deux zones glaciales* sont aux pôles.

Ces cinq zones déterminent *cinq climats principaux.*

On distingue encore le climat maritime et le climat continental.

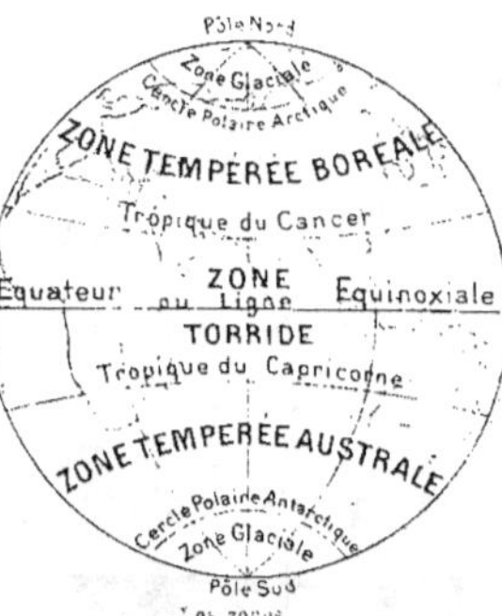

Les zones.

Le *climat maritime* est propre aux contrées voisines de la mer : il est généralement doux.

Le *climat continental* est particulier aux contrées situées dans l'intérieur des terres : il est le plus souvent excessif : les hivers sont très froids, les étés très chauds.

LES CINQ ZONES avec leurs animaux.

DEVOIRS. — 18. Qu'appelle-t-on antipode? Quelles îles trouve-t-on aux antipodes de la France? — 19. Nommer les cinq climats principaux. Qu'est-ce qui les détermine? Qu'appelle-t-on climat maritime? climat continental?

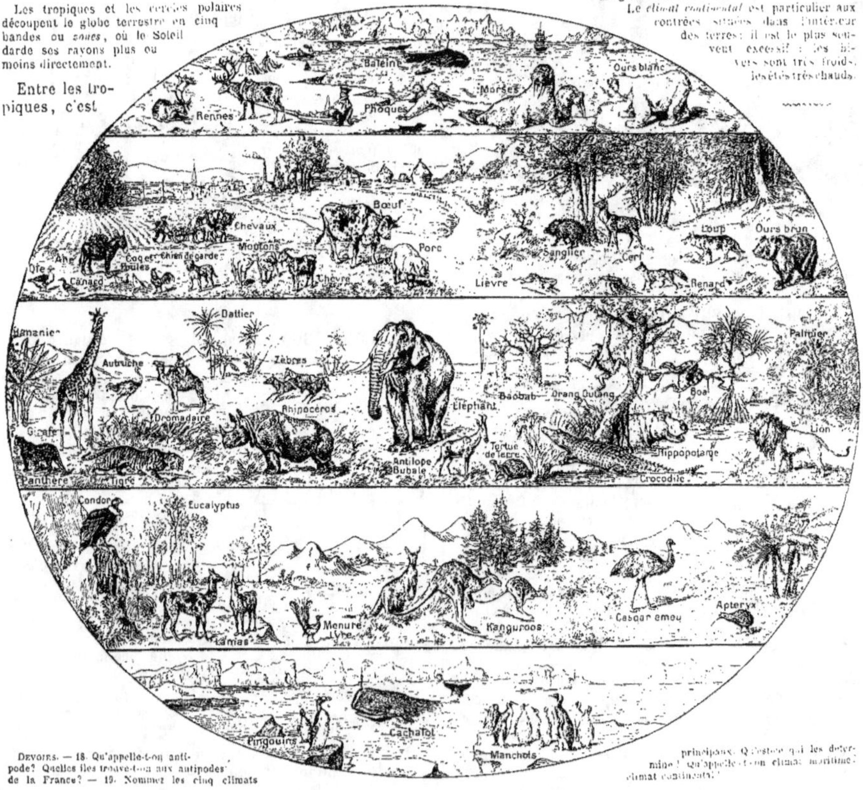

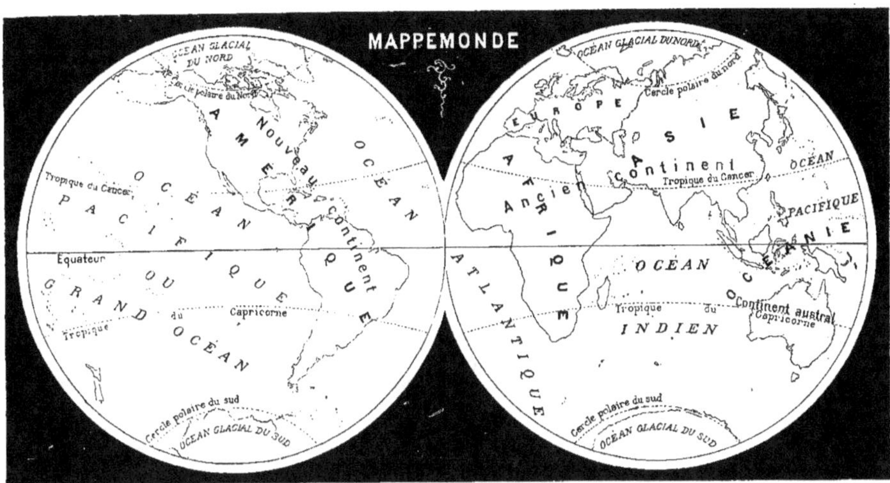

Hémisphère occidental.   Hémisphère oriental.

TERMES GÉOGRAPHIQUES

1. Mers et Continents. — La *géographie* est la description de la surface de la Terre.

La surface terrestre est aux trois quarts recouverte d'une grande masse d'eau salée, toujours en mouvement, nommée *océan* ou *mer*; l'autre quart forme les terres.

Les terres présentent de grandes masses distinctes que l'on appelle *continents* (terres qui se tiennent).

Un *continent* est une grande étendue de terres qu'on peut parcourir sans traverser la mer.

Il y a trois continents :

Le continent placé sur l'hémisphère oriental de la mappemonde se nomme l'*ancien continent* ou ancien monde. C'est le plus grand et le plus anciennement connu.

Le continent placé sur l'hémisphère occidental se nomme le *nouveau continent* ou nouveau monde. Il a été découvert par Christophe Colomb en 1492.

Enfin, au sud-est de l'ancien continent, se trouve un troisième continent appelé *continent austral*.

2. Les Cinq parties du monde. — L'ensemble des terres répandues à la surface du globe a été subdivisé en cinq groupes qu'on nomme les *cinq parties du monde*.

Les cinq parties du monde sont : l'*Europe*, l'*Asie*, l'*Afrique*, l'*Amérique* et l'*Océanie*.

L'ancien continent comprend : l'Europe, l'Asie et l'Afrique.

Le nouveau continent se nomme l'Amérique.

Le continent austral et les terres qui l'environnent forment l'Océanie (terres au milieu de l'Océan).

3. Les Cinq océans. — On divise la mer en *cinq océans* :

1° L'*océan Atlantique*, situé entre l'Europe et l'Afrique à l'est, l'Amérique à l'ouest ;

2° L'*océan Pacifique* ou *Grand Océan*, limité par l'Amérique à l'est, l'Asie et l'Océanie à l'ouest ;

3° L'*océan Indien*, entre l'Afrique et l'Océanie, au sud de l'Asie ;

4° L'*océan Glacial du nord* ou *Arctique*, autour du pôle nord ;

5° L'*océan Glacial du sud* ou *Antarctique*, autour du pôle sud.

Chaque océan se subdivise en un certain nombre de *mers*, comme la mer Méditerranée, la mer Noire, etc.

4. Rivage. Côte. — Les bords des continents, c'est-à-dire la partie des continents qui touche à la mer, se nomment *rivage*, *côte* ou *littoral*.

Un rivage plat, couvert de galets ou de sable, se nomme *grève* ou *plage*.

Suivent la côte est bordée de rochers; quand ceux-ci se dressent à pic au dessus des flots, ce sont des *falaises*.

Les *dunes* sont des amas de sable, accumulés au bord de la mer par les vents.

Les rochers à fleur d'eau se nomment *récifs, écueils* ou *brisants*. Pour éviter les périls qu'ils font courir aux navigateurs, on élève, sur les côtes, des *phares* que l'on éclaire la nuit.

5. Golfe et Baie. Détroit. Ile. Presqu'île et Cap. Isthme.

— Un **golfe** est une partie de mer qui s'avance dans les terres. Un petit golfe se nomme *baie* ou *anse*.

Une *rade* est un golfe dont l'entrée est étroite et qui peut abriter des navires.

Un *port* est un petit golfe aménagé par l'homme et où les vaisseaux abordent facilement.

Un **détroit** est un passage resserré entre deux terres et qui fait communiquer deux mers.

Certains détroits se nomment *pas* ou *canal;* les *goulets* et les *pertuis* sont des passages très étroits.

Une **île** est un espace de terre entouré d'eau de tous côtés.

Un groupe d'îles se nomme *archipel;* un **îlot** est une petite île.

Une **presqu'île** est une terre presque entourée d'eau de toutes parts et ne tenant au continent que d'un seul côté; elle prend le nom de *péninsule* lorsqu'elle est grande.

Un **cap** est une pointe de terre qui s'avance dans la mer; on l'appelle *promontoire* lorsqu'il est élevé.

Un **isthme** est une bande de terre généralement étroite qui relie deux terres.

6. Plaines. Montagnes et Volcans.

La surface des continents et des îles présente des plaines, des plateaux et des montagnes. L'ensemble de ces accidents de terrain forme ce qu'on appelle le *relief du sol*.

Une **plaine** est un terrain plat, uni, peu élevé au-dessus de la mer.

Un *plateau* est un terrain élevé et plat.

Un *coteau*, une *colline* sont de petites élévations de terre; une *butte*, un *monticule*, sont des élévations moindres qu'une colline.

Une **montagne** est une masse de terre élevée et rocheuse. Une suite de montagnes forment une *chaîne;* plusieurs chaînes groupées les unes autour des autres prennent le nom de *massif*.

Les *contreforts* sont des chaînons qui se détachent de la chaîne principale.

Un sommet arrondi prend parfois le nom de *ballon* ou de *dôme;* un sommet pointu se nomme *pointe, aiguille, pic, dent*.

Le bas de la montagne en est le *pied;* la partie la plus élevée en est le *sommet*, le *faîte*, la *cime*, la *crête*.

Le *flanc* ou la *pente* est la partie de la montagne comprise entre le pied et le sommet.

Le *versant* est l'ensemble des pentes qui se trouvent d'un même côté d'une chaîne de montagnes.

La *ligne de faîte* est la ligne qui passe par la suite des sommets d'une chaîne de montagnes.

Une *vallée* est l'espace compris entre deux montagnes ou deux chaînes de montagnes ou de collines.

Une petite vallée prend le nom de *vallon*.

Les passages à travers les montagnes se nomment *col, défilé, gorge, pas*.

Un **volcan** est une montagne qui rejette de la cendre, des matières enflammées par une ouverture appelée *cratère*.

Un *désert* est une plaine peu habitée, généralement dépourvue d'eau et de végétation.

Les *steppes* et les *pampas* sont des plaines sablonneuses qui ne produisent que de l'herbe; les *landes* sont couvertes de bruyères.

Une *oasis* est un espace arrosé et verdoyant au milieu du désert.

7. Fleuves. Rivières et Bassins. Lacs.

— Les cours d'eau proviennent soit de la fonte des neiges soit des eaux de pluie.

Les **fleuves** sont des cours d'eau qui se rendent dans la mer.

On appelle *source* l'endroit où le fleuve commence, et *embouchure* l'endroit où il se jette dans la mer.

L'*estuaire* est une embouchure large et évasée.

On nomme *delta* le pays situé entre les branches, les bras d'un fleuve qui a plusieurs embouchures et la mer.

Les fleuves mettent l'intérieur d'un continent en communication avec la mer.

Les **rivières** sont des cours d'eau qui se jettent dans un fleuve ou dans une autre rivière; on les nomme *torrents* lorsqu'ils coulent très vite.

Les *ruisseaux* sont de petites rivières.

L'endroit où deux cours d'eau se réunissent se nomme le **confluent**, et le plus petit est l'*affluent* du plus grand.

Les deux bords d'un cours d'eau se nomment les *rives*.

Si l'on descend le courant, à sa droite on a la *rive droite*, et, à sa gauche, la *rive gauche*.

Un lieu est dit *en amont* d'un autre quand il est plus près que cet autre de la source du fleuve; il est dit *en aval* lorsqu'il est situé plus bas, dans le sens du courant.

Lorsque le cours d'un fleuve est embarrassé de rochers ou coupé par un précipice, l'eau forme en tombant une *chute*, une *cascade*, une *cataracte* ou simplement des *rapides*.

Le *lit* d'un cours d'eau est l'espace resserré et creux dans lequel il coule.

Le *bassin d'un fleuve* est l'étendue de pays arrosée par ce fleuve et ses affluents.

On nomme *bassin d'une mer* l'étendue de territoire arrosée par les fleuves qu'elle reçoit.

La *ceinture d'un bassin* est la suite des terres plus ou moins élevées où les cours d'eau du bassin ont leur source.

La *ligne de partage des eaux* est formée par la suite des hauteurs qui limitent deux bassins.

Un **lac** est un grand amas d'eau au milieu des terres.

Un *étang* est un petit lac alimenté par un ruisseau.

On appelle *marais* ou *mare* un amas d'eau stagnante et peu profonde.

Les *marécages* sont des endroits pleins de marais.

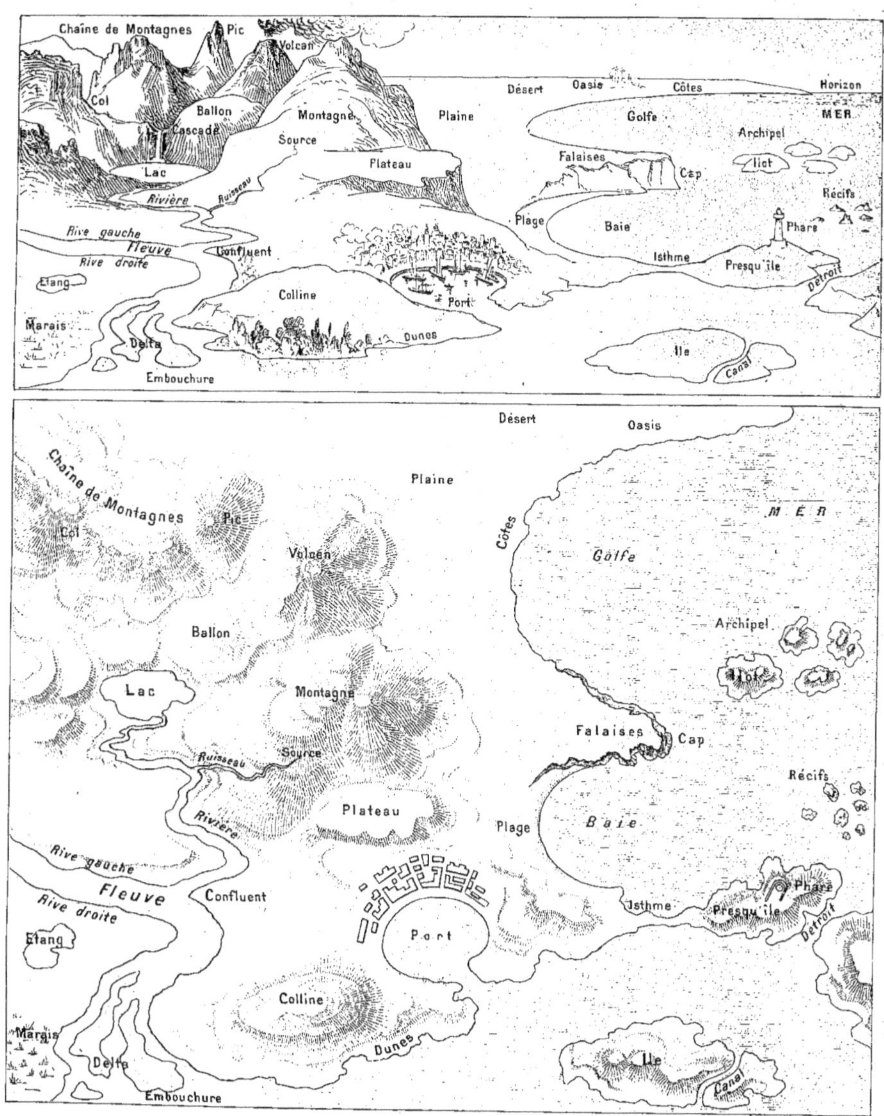

1. Les Terres et les Eaux représentées telles qu'on les voit.

2. Les Terres et les Eaux telles qu'on les représente sur un plan ou sur une carte.

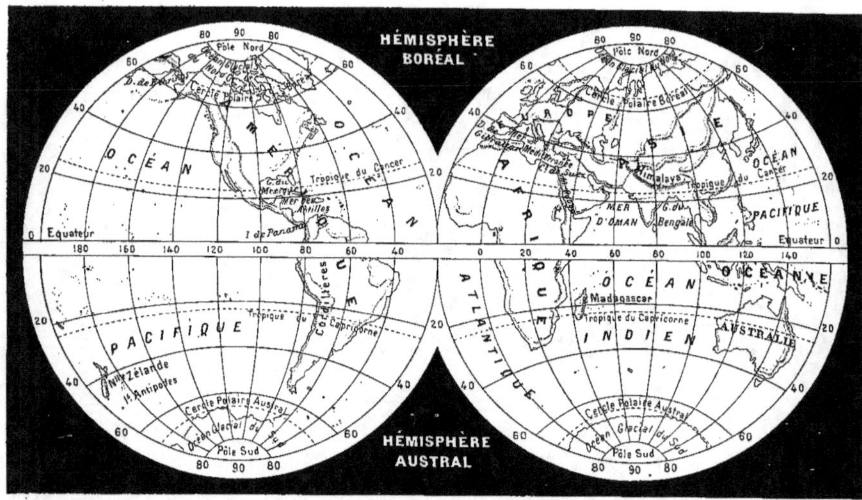

MAPPEMONDE COUPÉE EN HÉMISPHÈRES BORÉAL ET AUSTRAL.

8. Grandeur des Continents et des Océans.

— Les continents et les mers sont inégalement répartis sur le globe. La majeure partie des terres se trouve dans l'hémisphère nord ou boréal, tandis que les eaux occupent presque entièrement l'hémisphère austral.

L'océan Pacifique, à lui seul, est aussi vaste que tous les autres océans ensemble; son étendue est supérieure à celle de toutes les terres réunies.

De même, les continents sont d'inégale grandeur : l'ancien monde a une surface presque double de celle du nouveau.

L'Asie est la plus grande des cinq parties du monde : sa superficie est quatre fois et demie celle de l'Europe.

L'Amérique est quatre fois plus grande que l'Europe; l'Afrique, trois fois plus grande; l'Australie, enfin, est presque aussi grande que le continent européen.

Grandeur comparée des Continents et des Océans.

9. Les Courants et les Marées.

— Les eaux de la mer sont en perpétuel mouvement. Cette agitation est occasionnée par les courants, les marées et les vents.

Les *courants maritimes* sont dus principalement à la rotation de la Terre.

Les *marées* sont dues à l'attraction que le Soleil et la Lune exercent sur notre globe. Deux fois par jour, les eaux de l'Océan s'élèvent et s'abaissent, par un mouvement régulier, et produisent le *flux* et le *reflux*. La durée de chaque marée est de six heures environ.

10. Les Vents.

— Les vents sont des courants d'air qui se forment dans l'atmosphère. Ils sont secs ou humides suivant qu'ils viennent des continents ou de la mer; froids ou chauds selon qu'ils soufflent des pôles ou de l'équateur.

DEVOIRS. — 8. Dans quel hémisphère se trouve la plus grande partie des terres? Que renferme l'hémisphère austral? Quel est le plus grand continent? la plus grande des cinq parties du monde? — 9. Les eaux de la mer sont-elles immobiles? Expliquez la cause des courants, des marées? Qu'appelle-t-on le flux et le reflux? — 10. Par quoi sont produits les vents? Quand est-ce que les vents sont secs ou humides? froids ou chauds?

DANS LE NORD DE L'EUROPE.

EUROPE PHYSIQUE

L'Europe occupe le nord-ouest de l'ancien continent. C'est la plus petite des cinq parties du monde; mais c'est la plus importante par sa civilisation, par sa richesse et par l'activité de ses habitants.

1. Limites. — L'Europe est bornée : au nord, par l'océan *Glacial du nord;* à l'ouest, par l'*océan Atlantique* ; au sud, par la *Méditerranée*, la *mer Noire* et les *monts Caucase*. La mer *Caspienne*, le *fleuve Oural* et les *monts Ourals* forment ses limites à l'est.

2. Mers et Golfes. — Les côtes de l'Europe sont très découpées et les mers qui les baignent pénètrent fort avant dans les terres.

L'OCÉAN GLACIAL forme la *mer Blanche*.

L'OCÉAN ATLANTIQUE forme la *mer Baltique*, avec les *golfes de Finlande* et *de Riga;* la *mer du Nord* et le *golfe de Zuyderzée;* la *Manche*, la *mer d'Irlande*, et le *golfe de Gascogne* ou *mer de France*.

La MER MÉDITERRANÉE forme les *golfes du Lion* et de *Gênes*, la *mer Tyrrhénienne*, la *mer Ionienne*, la *mer Adriatique*, l'*Archipel*, la *mer de Marmara*, la *mer Noire* et la *mer d'Azov*.

3. Détroits. — La mer du Nord communique avec la mer Baltique par le *Skager-Rack*, le *Cattégat* et le *Sund*. De la mer du Nord on passe dans la Manche par le *Pas de Calais*.

Le *détroit de Gibraltar* fait communiquer l'océan Atlantique avec la Méditerranée.

De l'Archipel on va dans la mer Noire en passant par le *détroit des Dardanelles*, la *mer de Marmara* et le *Bosphore* ou *détroit de Constantinople*.

4. Caps. — Les principaux caps sont : le *cap Nord*, à l'extrémité nord de la Suède; le *cap Saint-Mathieu*, à l'extrémité ouest de la France; le *cap Saint-Vincent*, au sud-ouest du Portugal; le *cap Matapan*, au sud de la Grèce.

5. Iles. — De nombreuses îles dépendent du continent européen.

Dans l'océan Glacial se trouvent le *Spitzberg* et la *Nouvelle-Zemble*, îles perdues au milieu des glaces et des brouillards, où l'on va pêcher la baleine et les phoques.

Dans l'océan Atlantique, on distingue au loin, vers le nord-ouest, une grande île glacée : l'*Islande* et les îles *Fœr-œr*, au Danemark. Plus au sud, les *îles Britanniques* composées de la *Grande-Bretagne* (Angleterre et Écosse) et de l'*Irlande;* les *Shetland*, les *Orcades* et les *Hébrides*, qui dépendent des îles Britanniques. A l'entrée de la mer Baltique se trouvent les îles danoises : *Seeland* et *Fionie*.

La Méditerranée renferme, dans sa partie occidentale, les îles *Baléares* (à l'Espagne), la *Corse* (à la France), la *Sardaigne* et la *Sicile* (à l'Italie), *Malte* (à l'Angleterre). Dans sa partie orientale, les îles *Ioniennes* et les nombreuses îles de l'*Archipel* appartiennent à la Grèce ou à la Turquie, sauf la *Crète* qui est indépendante.

6. Presqu'îles. — Les côtes irrégulières de l'Europe présentent de grandes presqu'îles ou péninsules.

Au nord, la *péninsule Scandinave* (Suède et Norvège) s'allonge entre l'océan Atlantique et la mer Baltique. En face, le *Jutland* (en Danemark) sépare la mer Baltique de la mer du Nord.

Au sud-ouest, entre l'océan Atlantique et la Méditerranée, la *péninsule Ibérique* (Espagne et Portugal) forme une masse carrée ; au sud, dans la Méditerranée, la *péninsule Italique* (Italie) a la forme d'une botte; au sud-est, la *presqu'île des Balkans* se termine par la *Morée* (en Grèce); la *presqu'île de Crimée* (en Russie) s'avance entre la mer Noire et la mer d'Azov.

7. Plaines et Montagnes. — Le nord et l'est de l'Europe sont formés de grandes plaines; le sud au contraire, est très montagneux.

Les *Alpes*, entre la France, l'Italie, la Suisse et l'Autriche

---

Chemins de fer
Limites d'États.
Échelle 1 : 25.000000
0 100 200 300 400 500 1000
Kilomètres
OCÉAN GLACIAL DU NORD
Cap Nord
SIBÉRIE
Laponie
M. Blanche
Arkhengel
Petchora
O u r a l s
Perm
Oufa
Tchéliabinsk
Bielaia
Kama
Cercle polaire du Nord
Iles Lofoten
Islande
Hécla
OCÉAN ATLANTIQUE
Dovre Field
Finlande
St-Onega
Divina
ÎLES BRITANNIQUES
Hébrides
Iles Shetland
Iles Orcades
Bergen
Christiania
NORVÈGE
SUÈDE
G. de Bothnie
Stockholm
St-Pétersbourg
Ladoga
Plateau de Valdaï
Nijni Novgorod
Kazan
Samara
Orenbourg
Oural
Oka
Volga
Saratov
A S I E
Voranej
Irlande
Dublin
Angleterre
Londres
Manche
Liverpool
MER DU NORD
DANEMARK
Copenhague
MER BALTIQUE
G. de Finlande
Riga
Duna
Moscou
Kiel
Hambourg
Danzig
Stettin
Königsberg
Vistule
Pripet
R U S S I E
C. St Georges
Bretagne
Nantes
C. St Mathieu
Cologne
Berlin
ALLEMAGNE
Leipzig
Dresde
Breslau
Varsovie
Pologne
Kiev
Kharkov
Dnieper
Rostov
Don
Astrakhan
MER CASPIENNE
Paris
FRANCE
Lemberg
Odessa
M. d'Azov
MER NOIRE
Sébastopol
Dét. de Kertch
M. Elbrouz
C a u c a s e
Bakou
Tiflis
Koura
Batoum
Arare
Arménie
Bordeaux
G. de Gascogne
Massif central
Pyrénées
SUISSE
Munich
Bavière
Bohême
Prague
Vienne
Karpathes
Theiss
Budapest
Danube
Drave
AUTRICHE-HONGRIE
ROUMANIE
Bucarest
PORTUGAL
ESPAGNE
Madrid
Lisbonne
C. St Vincent
Séville
Mts Ibériques
Douro
Tage
Valence
Murcie
Sierra Nevada
Gibraltar
C. Finisterre
Porto
Lyon
Turin
Gênes
Marseille
G. du Lion
Barcelone
ITALIE
Pô
Venise
Trieste
Save
Mer Adriatique
Bosnie
Belgrade
SERBIE
MONTÉNÉGRO
Cettigné
BULGARIE
Sofia
Balkans
Roumélie
Adrianople
Bosphore
Constantinople
M. de Marmara
TURQUIE
Brindisi
Salonique
Dét. des Dardanelles
Smyrne
Asie Mineure
Minorque
Majorque
Iles Baléares
Iviça
Sardaigne
Corse
Rome
Naples
Vésuve
M. Tyrrhénienne
MER
Alger
ALGÉRIE
Tunis
AFRIQUE
TUNISIE
Palerme
Sicile
Etna
Messine
M.
Mer Ionienne
C. Matapan
Crète
Iles Ioniennes
Patras
GRÈCE
Athènes
Archipel
Rhodes
Chypre (A.)
Malte (A.)
MÉDITERRANÉE

DANS LE CENTRE DE L'EUROPE.

forment un grand massif, le plus important de l'Europe. Elles atteignent 4.810 mètres au *mont Blanc*, et sont couvertes de glaciers et de neiges éternelles.

Autour des Alpes se groupent d'autres chaînes de montagnes.

Les *monts d'Auvergne* et les *Cévennes*, en France; les *Pyrénées*, entre la France et l'Espagne; les *monts Ibériques*, la *sierra Moréna* et la *sierra Névada* en Espagne; les *Vosges*, entre la France et l'Alsace; le *Jura* entre la France et la Suisse; le *Plateau de Bohême* et les *Karpathes* en Autriche; les *Apennins* en Italie; les *monts Balkans* dans la presqu'île du même nom.

Le *Caucase*, où se trouve le mont Elbrouz, le pic le plus haut de l'Europe (5.000 mètres), s'élève entre la mer Noire et la mer Caspienne; les *monts Ourals* s'étendent entre la Russie d'Europe et la Russie d'Asie; les *monts Kiölen* ou *Scandinaves* séparent la Suède et la Norvège.

8. Volcans. — L'Europe possède aussi quelques volcans : le *mont Hécla* en Islande; le *mont Vésuve*, près de Naples, en Italie; le *mont Etna* en Sicile.

9. Fleuves. — Les cours d'eau qui descendent de ces montagnes suivent deux pentes. Les uns se dirigent vers le nord et l'ouest pour se rendre dans l'océan Atlantique et les mers qui en dépendent; les autres coulent au sud, dans la Méditerranée, la mer Noire et la mer Caspienne.

Au nord, la *Dwina* se jette dans la mer Blanche; la *Néva*, la *Duna*, le *Niémen*, la *Vistule* et l'*Oder* se rendent dans la mer Baltique; l'*Elbe*, le *Rhin*, la *Meuse* et la *Tamise* dans la mer du Nord.

A l'ouest : la *Seine* se jette dans la Manche; la *Loire*, la *Garonne*, le *Douro*, le *Tage* et la *Guadiana* s'écoulent dans l'Atlantique.

Au sud : la Méditerranée reçoit l'*Èbre*, le *Rhône* et le *Tibre*; le *Pô* coule dans la mer Adriatique; le *Danube*, le *Dniestr* et le *Dniepr* dans la mer Noire; le *Don* dans la mer d'Azov; la *Volga* et l'*Oural* dans la mer Caspienne.

10. Rivières. — Ces fleuves reçoivent de nombreux affluents; les plus importants sont : la *Moselle*, qui se jette dans le Rhin; l'*Inn*, la *Drave*, la *Save*, la *Theiss* et le *Pruth*, qui se rendent dans le Danube.

11. Lacs. — Les lacs européens sont répartis en quatre groupes principaux : 1° les *lacs Venern, Wettern, Mœlar*, en Suède; 2° les *lacs Ladoga, Onéga*, et *Peipous*, en Russie; 3° les *lacs de Genève, de Neuchâtel, de Lucerne, de Zurich, de Constance*, en Suisse; 4° les *lacs Majeur, de Côme* et de *Garde*, en Italie.

EUROPE POLITIQUE

L'Europe peut être partagée en trois régions naturelles : la région septentrionale, la région centrale, la région méridionale. Chacune de ces régions comprend plusieurs États, qui diffèrent les uns des autres par les mœurs et le langage.

ÉTATS DU NORD

1. Les Iles Britanniques (40.000.000 d'hab.) se composent de l'*Angleterre*, capitale *Londres*; de l'*Écosse*, capitale *Édimbourg*; de l'*Irlande*, capitale *Dublin*, et de quelques petits archipels.

La Grande-Bretagne se divise en **Angleterre** au sud et en **Écosse** au nord.

LONDRES s'élève sur la Tamise. C'est le premier port du monde et la ville la plus peuplée du globe (4.433.000 hab.).

Villes pr. : *Liverpool*, sur la mer d'Irlande (632.000 hab.); *Manchester* (530.000 hab.); *Birmingham* (501.000 hab.).

Productions : La Grande-Bretagne tient le premier rang pour la production de la houille, le commerce, l'industrie, la marine. — Bœufs, moutons, chevaux renommés.

2. Le petit royaume de Danemark (2.304.000 hab.) comprend le *Jutland* et l'*Archipel danois*.

La capitale est COPENHAGUE (376.000 hab.) dans l'île Sécland.

Productions : Le Danemark, pays essentiellement agricole, est plat, sablonneux et humide; la pêche est sa seule industrie.

3. La Scandinavie forme les royaumes unis de **Suède** et de **Norvège** (6.950.000 hab.).

STOCKHOLM (280.000 hab.) est la capitale et le premier port de la Suède. CHRISTIANIA (150.000 hab.), au fond d'un fiord, est la capitale de la Norvège.

DANS LE MIDI DE L'EUROPE.

Productions : La Norvège, dont les côtes sont découpées par des golfes ou fiords, est montagneuse. La Suède est formée de plaines couvertes de prairies et d'immenses forêts. — Bois de construction, fer, fourrures et poissons conservés.

4. La Russie (95.000.000 hab.), appelée encore l'*Empire du Nord*, est une vaste plaine fertile en céréales.

Sa capitale est Saint-Pétersbourg (1.267.000 hab.), sur la *Néva*. *Moscou* (988.000 hab.), l'ancienne capitale est situé au centre de l'empire. Villes principales : *Varsovie* (615.000 hab.), sur la Vistule; *Odessa* (405.000 hab.), port sur la mer Noire.

Productions : Bois de construction, céréales, lin, chanvre, bœufs, moutons, chevaux.

ÉTATS DU CENTRE

5. La France (38.518.000 hab.) est une des contrées les plus fertiles de l'Europe.

Sa capitale, Paris (2.537.000 hab.), sur les deux rives de la Seine, est la plus belle ville du monde.

Villes principales : *Lyon* (466.800 hab.), sur le Rhône; *Marseille* (440.000 hab.) sur la Méditerranée; *Bordeaux* (250.700 hab.); *Lille* (215.000 hab.); *Toulouse* (150.000 hab.) sur la Garonne; *Nantes* (125.000 hab.), sur la Loire; etc. (V. la France, page 43).

6. La république Suisse (3.000.000 d'hab.) occupe au centre de l'Europe un territoire peu étendu.

Les étrangers s'y portent en foule pour contempler ses hautes montagnes, ses glaciers, ses beaux lacs, ses paysages pittoresques.

Sa capitale est Berne (50.000 hab.). Villes principales : *Genève* (86.500 hab.) *Bâle* (89.000 hab.) et *Zurich* (152.000 hab.).

Productions : Bestiaux, fromages de gruyère. Le sol est généralement pauvre, mais les habitants sont très industrieux.

7. Le royaume de Belgique (6.496.000 hab.) est situé au nord de la France.

La capitale est Bruxelles (500.000 hab., avec ses faubourgs). Villes principales : *Anvers* (268.000 hab.), port sur l'Escaut; *Gand* (160.000 hab.), sur Escaut; *Liége* (165.000 hab.), sur la Meuse.

Productions : Houille. Pays de grande industrie, bien cultivé et très productif.

Le **Grand-Duché de Luxembourg** entre la Belgique, la France et l'Allemagne, forme un petit État indépendant.

8. La Hollande ou Pays-Bas (4.930.000 hab.) a pour capitale Amsterdam (494.000 hab.), port sur le Zuyderzée.

La Haye (192.000 hab.) est la résidence du roi et le siège du gouvernement. Ville principale : *Rotterdam* (286.000 hab.), sur le Rhin et la Meuse.

Productions : Pays agricole, bestiaux, beurre, fromage. Commerce de poissons salés ou fumés, morues et harengs.

9. L'Allemagne (52.300.000 hab.) est montagneuse au sud, plate et sablonneuse dans le nord.

L'empire d'Allemagne comprend plusieurs États :

La **Prusse**, capitale Berlin (1.677.000 hab.), sur la Sprée;
La **Saxe**, capitale Dresde (336.000 hab.), sur l'Elbe;
La **Bavière**, capitale Munich (407.000 hab.);
Le **Wurtemberg**, capitale Stuttgard;
Le **grand-duché de Bade**, capitale Carlsruhe;
L'**Alsace-Lorraine**, arrachée à la France avec Strasbourg et Metz.
Hambourg (625.000 hab.), sur l'Elbe, est le premier port de l'empire; *Brême*, sur le Weser, en est le deuxième port.

Productions : Pommes de terre, bestiaux, lin, chanvre, tabac et houblon; houille. Grand commerce et industrie importante.

10. L'empire d'Autriche-Hongrie (45.000.000 d'hab.) a pour capitale Vienne (1.400.000 hab.), sur le Danube.

Budapest (495.000 hab.), sur le même fleuve, est la capitale de la Hongrie. *Trieste*, sur l'Adriatique, est un port commerçant.

Productions : L'agriculture, l'élevage des bestiaux sont la principale richesse de l'Autriche-Hongrie. Blé, maïs. Houille, fer, sel gemme. Verreries renommées.

ÉTATS DU SUD

11. L'Espagne (18.000.000 d'hab.) et le **Portugal** (5.103.000 hab.) dans la *péninsule Ibérique*.

Madrid (500.000 hab.), capitale de l'Espagne, est au centre du royaume. *Barcelone* (273.000 hab.) et *Valence* (171.000 hab.), sur la Méditerranée, sont les deux ports les plus importants.

Lisbonne (310.000 hab.), à l'embouchure du Tage, est la capitale du Portugal. Ville principale : *Porto*, à l'embouchure du Douro.

Productions : Olivier, oranger, vigne, mûrier, chêne-liège. Vins.

12. L'Italie (31.300.000 hab.), au sud des Alpes, a pour capitale Rome (474.000 hab.), sur le Tibre.

Naples (529.000 hab.), au fond d'une baie superbe et au pied du Vésuve; *Milan* (456.000 hab.); *Turin* (348.000 hab.), sur le Pô; *Gênes* (225.000 hab.), port sur la Méditerranée; *Florence* (207.000 hab.); *Venise* (154.000 hab.), sur l'Adriatique sont les principales villes du royaume.

L'Italie a un beau climat et un ciel admirable.

Productions : Olivier, vigne, mûrier. Vins; chapeaux de paille; marbre; pâtes alimentaires; soufre.

DEVOIRS. — 4. Quel est l'aspect de la Russie? Nommez ses grandes villes et citez ses productions. — 5. Dites les principales villes de la France. — 6. Où est située la Suisse? Qu'est-ce qui y attire les étrangers? Nommez ses villes principales et énumérez ses productions. — 7. Où est située la Belgique? Quelles sont ses villes importantes et quelles sont ses productions? — 8. Citez les villes principales de la Hollande; Parlez de ses productions. — 9. Quel est l'aspect de l'Allemagne? Citez les États (avec leur capitale) qui composent l'empire d'Allemagne. Nommez deux ports importants. — 10. Dites les villes importantes de l'Autriche et énumérez ses productions. — 11. Quels sont les deux royaumes que renferme la péninsule Ibérique? Citez leurs villes principales et leurs productions. — 12. Où est située l'Italie? Quelles sont ses villes importantes et ses productions? — 13. Citez les États de la péninsule des Balkans avec leurs villes principales. Qu'exporte-t-on de ces États?

13. La *péninsule des Balkans* comprend plusieurs États :

1. Le royaume de **Roumanie** (5.418.000 hab), riche en céréales, capitale BUCAREST (232.000 hab.).

2. Le royaume de **Serbie** (2.346.000 hab.), capitale BELGRADE (59.000 hab.), sur le Danube.

3. Le petit pays du **Monténégro** [montagnes noires] (230.000 hab.), capitale CETTIGNE (2.900 hab.), simple village.

4. La **Bulgarie** (3.310.000 hab., avec la Roumélie), principauté indépendante, capitale SOFIA (47.000 hab.).

5. La **Roumélie**, capitale PHILIPOPOLI (36.000 hab.).

6. La **Turquie** (6.000.000 d'hab.), capitale CONSTANTINOPLE (880.000 hab.), sur le Bosphore. Villes principales : *Salonique* (150.000 hab.), port sur l'Archipel ; *Andrinople*, ville importante de l'intérieur.

7. La **Grèce** (2.200.000 hab.), capitale ATHÈNES (120.000 hab.).

Le port d'Athènes se nomme le *Pirée*.

Productions : Soie, coton, huile d'olive, vins et fruits du Midi ; raisins, figues, amandes, oranges, citrons, grenades.

Lecture.

Le climat de l'Europe est tempéré ; les chaleurs et les froids n'y sont jamais extrêmes ; cependant l'Islande et la Laponie (nord de la Scandinavie) ont la température des contrées polaires. On y trouve le renne, l'ours blanc, le cygne et le canard sauvage ou eider.

Les pays voisins de la Méditerranée jouissent d'un climat chaud.

Les Alpes ont l'aigle, la marmotte et le chamois.

L'ours brun et le loup vivent dans les hautes montagnes et les grandes forêts de l'est.

Fleuve	Longueur		Fleuve	Longueur
Volga	3.400K		Rhône	812K.
Danube	2.850		Ebre	800
Don	2.100		Seine	776
Dniepr	1.950		Niémen	704
Oural	1.700		Dwina	670
Rhin	1.320		Pô	670
Dniestr	1.200		Garonne	650
Vistule	1.100		Guadiana	640
Elbe	1.100		Weser	480
Duna	1.000		Escaut	430
Loire	980		Guadalquivir	400
Meuse	925		Tamise	370
Tage	895		Adige	320
Oder	864		Tibre	300
Douro	850		Adour	280
			Néva	70

Superficie comparée des États (en k. q.) : Hollande 33.000 ; Belgique 29.457 ; Monténégro 9.080 ; Danemark 38.340 ; Suisse 41.346 ; Serbie 48.586 ; Grèce 65.119 ; Portugal 92.346 ; Roumanie 129.947 ; Bulgarie 98.660 ; Espagne 492.230 ; Îles Britanniques 314.268 ; Italie 296.325 ; Turquie 168.533 ; France 536.408 ; Allemagne 540.594 ; Autriche-Hongrie 622.309 ; Suède et Norvège 772.996 ; Russie 5.604.700.

Superficie comparée des États et longueurs comparées des fleuves de l'Europe.

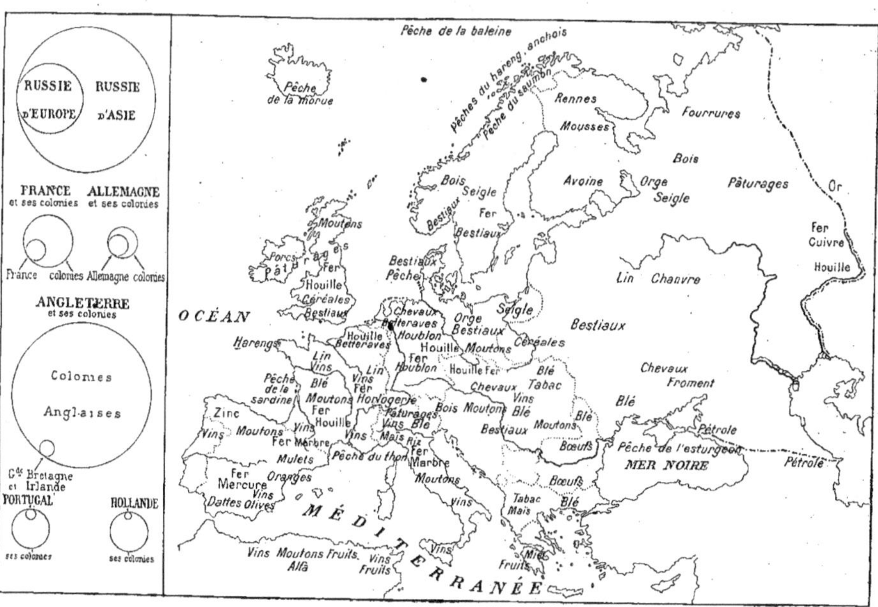

Superficie comparée des États de l'Europe et de leurs colonies. — Principales productions de l'Europe.

ASIE.

ASIE PHYSIQUE

1. Situation. — L'Asie forme la partie orientale de l'ancien continent. C'est la plus grande des cinq parties du monde; elle a quatre fois et demie l'étendue de l'Europe.

2. Bornes. — L'Asie est bornée: au nord, par l'*océan Glacial du Nord*; à l'est, par l'*océan Pacifique*; au sud, par l'*océan Indien*; à l'ouest, elle se rattache à l'*Afrique* et à l'*Europe*.

3. Mers, Golfes, Lacs. — Les côtes de l'Asie sont très découpées et présentent un grand nombre de golfes et de presqu'îles.

L'océan *Pacifique* forme la mer de *Béring*, la mer d'*Ok-*hotsk, la *mer du Japon*, la *mer Jaune* et la *mer de Chine*.

L'océan *Indien* forme le *golfe du Bengale*, la *mer d'Oman*, le *golfe Persique* et la *mer Rouge*.

A l'intérieur se trouvent la *mer Caspienne*, la *mer d'Aral* et les *lacs Balkach et Baïkal*.

Les rivages de l'océan *Glacial* sont couverts de marais gelés ou *toundras*. La mer de Chine et l'Océan Indien ont de terribles tourbillons de vents appelés *cyclones*.

4. Détroits. — L'océan Glacial communique avec l'océan Pacifique par le *détroit de Béring*; l'océan Pacifique avec l'océan Indien par le *détroit de Malacca*; l'océan Indien avec la mer Rouge, par le *détroit de Bab-el-Mandeb*; la mer Rouge avec la Méditerranée par le *canal de Suez*.

5. Presqu'îles. — L'Asie a deux presqu'îles à l'est: le

Kamtchatka et la *Corée*; trois au sud : l'*Indo-Chine*, terminée par la *presqu'île de Malacca*; l'*Inde* ou *Hindoustan*, et l'*Arabie*; une autre presqu'île à l'ouest : l'*Asie Mineure*.

6. Caps. — Les points extrêmes de ce continent sont : le *cap Oriental*, au nord-est; le *cap Romania*, au sud de la presqu'île de Malacca; le *cap Comorin*, au sud de l'Inde.

7. Iles. — On remarque, dans l'océan Glacial, l'archipel de la *Nouvelle-Sibérie*; dans l'océan Pacifique : les *Kouriles*; les *îles du Japon* et l'*île Formose*, au Japon; *Haïnan*, à la Chine. *Ceylan*, au sud de l'Inde, appartient aux Anglais, ainsi que *Chypre* dans la Méditerranée.

8. Relief du sol. — Le centre de l'Asie est couvert par les immenses plateaux du *Tibet* et de *Pamir*, bordés au nord par les *monts Celestes* et *Altaï*; au sud par les *monts Himalaya*, qui ont le plus haut sommet du globe, le *Gaurisankar* (8.840 mètres).

Au nord de ce grand plateau Central s'étendent les plaines glacées de la Sibérie.

9. Fleuves. — Les fleuves qui arrosent l'Asie suivent trois pentes générales et se déversent dans l'océan Glacial du nord, l'océan Pacifique et l'océan Indien.

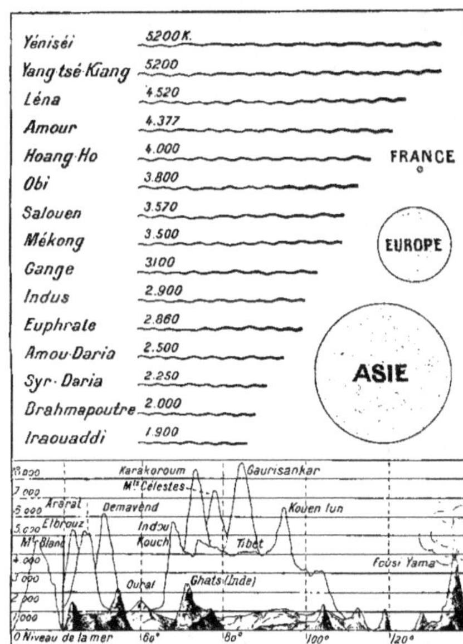

Superficies comparées de l'Asie, de l'Europe et de la France.
Longueurs comparées des principaux fleuves et hauteurs comparées des principales montagnes de l'Asie.

L'*Obi*, l'*Yéniséi* et la *Léna* se dirigent vers le nord. Ils sont gelés pendant neuf mois de l'année.

L'*Amour*, le *Houng ho* (fleuve Jaune), le *Yang tsé-Kiang* (fleuve Bleu), et le *Si-Kiang* se rendent dans l'océan Pacifique. Le *Song-Koï* (fleuve Rouge), le *Cambodge* ou *Mékong* se jettent dans la mer de Chine.

Le *Brahmapoutre* et le *Gange* finissent dans le golfe de Bengale. Le *Sind* ou *Indus* se jette dans le golfe d'Oman. Le *Tigre* et l'*Euphrate* arrosent la Mésopotamie, se réunissent en un seul cours d'eau (le *Chat-el-Arab*) et s'écoulent dans le golfe Persique.

ASIE POLITIQUE

1. Les Russes, les Turcs, les Anglais et les Français ont, en Asie, des possessions importantes.

Possessions russes.

La **Russie d'Asie**, territoire plus grand que l'Europe, comprend :

1° La **Sibérie**, riche en mines, capitale IAKOUTSK; villes principales : *Tobolsk; Omsk; Tomsk;* et *Vladivostok*, port sur la mer du Japon;

2° Le **Turkestan**, pays des steppes, capitale TACHKEND; ville principale *Samarcande*;

3° La **Transcaucasie**, capitale TIFLIS.

Les Russes continuent à étendre leurs possessions vers le sud et se rapprochent tous les jours de l'Inde anglaise; ils ont établi leur protectorat sur les khans (princes) de *Boukhara* et de *Khiva*. Une ligne ferrée conduit de la mer Caspienne à Samarcande; une autre grande voie, le *transsibérien*, doit passer par Omsk et Irkoutsk pour aboutir à Vladivostok et Port-Arthur (Chine).

Possessions turques.

2. La **Turquie d'Asie** se compose :

1° De l'**Asie Mineure**, capitale SMYRNE, sur l'Archipel, centre de relations commerciales avec l'Europe;

2° De la **Syrie**, capitale DAMAS; villes principales : *Jérusalem*, berceau du christianisme, et le port de *Beyrouth*.

3° De l'**Arménie turque** et de la **Mésopotamie**, capitale BAGDAD, aux jardins enchantés, sur le Tigre;

4° Des côtes de l'**Arabie**, où s'élève LA MECQUE, ville sainte des Mahométans.

La Turquie d'Asie exporte des fruits (figues, raisins secs), des vins renommés (vins de Chypre), des bois du Liban (cèdre).

L'intérieur de l'Arabie est habité par des peuples nomades. Sur la côte sud-est, l'**État d'Oman**, capitale MASCATE, est indépendant (1.000.000 d'habitants).

* *

3. La **Perse**, capitale TÉHÉRAN (230.000 hab.), est gouvernée par un prince appelé « schah ».

L'**Afghanistan**, capitale CABOUL, actuellement sous l'influence anglaise, est convoité par les Russes et les Anglais.

Le **Béloutchistan**, capitale KÉLAT, est sous le protectorat de l'Angleterre.

Possessions anglaises.

4. Les Anglais possèdent l'**Hindoustan**, grande presqu'île qui compte plus de 290 millions d'habitants : c'est l'*Inde anglaise* ou *empire des Indes*.

Les principales villes de ce vaste empire sont : CALCUTTA (810.000 hab.), sur un bras du Gange, capitale; *Bombay* (820.000 hab.), port de la côte occidentale (Malabar), en

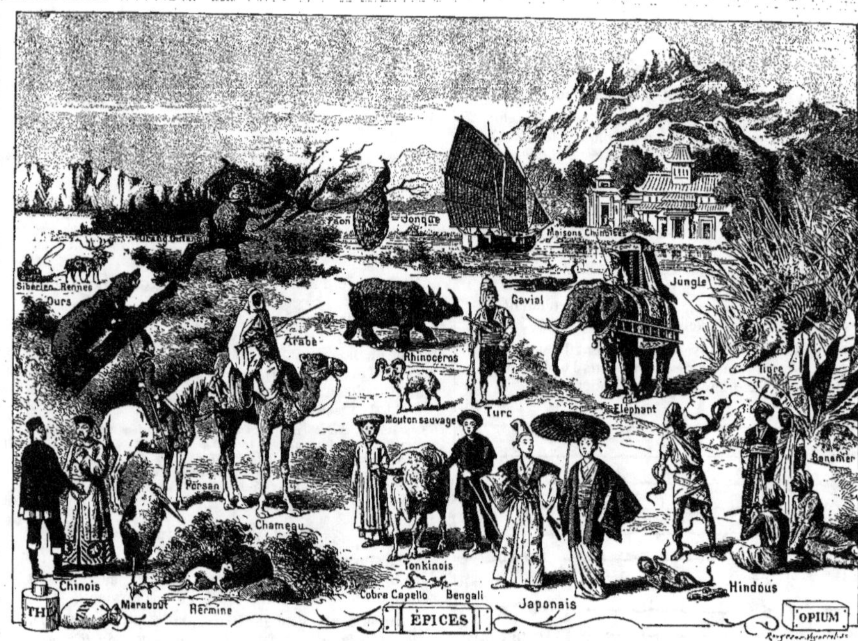

TYPES, ANIMAUX ET PRODUCTIONS DE L'ASIE.

relations directes avec l'Europe par le canal de Suez; *Madras* (452.000 hab.), port de la côte orientale (Coromandel).

Bénarès, sur le Gange, est une ville sainte des Hindous; *Colombo*, dans l'île de Ceylan, un port de relâche pour les navires européens.

Productions. — L'Inde récolte le riz, le blé, le coton, le café, le thé, le tabac; elle fabrique des châles, des tapis, des poteries célèbres.

Les Anglais possèdent également la **Birmanie**, capitale MANDALAY, et la **presqu'île de Malacca**, avec le port de SINGAPOUR (185.000 hab.).

A l'embouchure du Si-Kiang, ils possèdent le port de *Hong-Kong*.

Possessions françaises.

5. Les Français n'ont plus dans les Indes que cinq comptoirs : PONDICHÉRY (173.000 hab.) en est la capitale.

Ils possèdent en **Indo-Chine** : la **Cochinchine**, capitale SAIGON; le **Cambodge**, capitale PNOM-PENH; l'**Empire d'Annam**, capitale HUÉ; le **Tonkin**, capitale HANOÏ (100.000 hab.).

* * *

6. Le **royaume de Siam**, capitale BANGKOK (200.000 h.), est indépendant.

Productions : L'Indo-Chine cultive surtout le riz; elle prépare des bois d'ébénisterie, des meubles incrustés et laqués, des tissus de soie, des ouvrages ciselés en or, en argent et en ivoire. Le Tonkin a de riches dépôts de charbon qu'on commence à exploiter.

7. L'**Empire chinois**, qu'on nomme encore « empire du Milieu » ou « Céleste-Empire », est resté, pendant de longs siècles, complètement fermé aux Européens. Il comprend : au nord, la **Mandchourie** et la **Mongolie**; à l'ouest, le **Turkestan oriental** et le **Tibet**; à l'est, la **Chine proprement dite**.

Sa capitale est PÉKIN (1.650.000 hab.); *Tien-tsin*, *Nankin*, *Changhaï*, *Fou-tchéou* et *Canton* en sont les ports principaux.

La Chine est plus grande que l'Europe; sa population atteindrait, dit-on, 400 millions d'habitants (?).

Productions : C'est un pays essentiellement agricole : le riz, le thé, le coton, la soie sont pour les Célestes une grande source de richesses. La Chine a des mines de houille et de fer; elle fabrique des porcelaines renommées avec le kaolin (sorte d'argile) qu'elle possède en abondance.

8. Le **Japon** (42 millions d'habitants), « pays du soleil levant », est formé d'îles; il s'est approprié très vite la civilisation européenne. Capitale TOKIO (1.269.000 hab.), dans l'île Nippon, résidence de l'empereur ou mikado.

Yokohama et *Nagasaki* sont les ports les plus importants de l'empire.

Productions : L'industrie est beaucoup plus développée en ce pays

DEVOIRS. — 5. Citez les possessions françaises en Asie. — 6. Parlez du Siam. Dites les productions de l'Indo-Chine. — 7. Quelles sont les villes principales de l'empire chinois? ses productions? — 8. Citez les principales villes du Japon. Qu'est-ce que la Corée?

TYPES, ANIMAUX ET PRODUCTIONS DE L'AFRIQUE.

qu'en Chine. On y fabrique des objets en or, en argent et en cuivre. On y cultive, comme en Chine, le riz, le thé et le mûrier.

La **Corée** forme un royaume encore indépendant; sa capitale est Séoul.

Lecture.

Population. — Les habitants de l'Asie appartiennent à trois races : les hommes jaunes peuplent la Chine, le Japon et une partie des Indes ; une race noire habite l'Hindoustan; la race blanche occupe le reste du continent.

Climat et productions. — L'Asie a tous les climats : climat très chaud au sud, tempéré au centre, très froid dans le nord.

La zone équatoriale produit la canne à sucre, le riz, le café, le coton, les épices. La Chine exporte le thé et la soie; l'Inde fournit l'indigo et le blé.

Animaux. — Les jungles de l'Inde et de l'Indo-Chine (vastes espaces couverts d'arbres, de hautes herbes et de roseaux) sont peuplées de tigres, d'éléphants, de rhinocéros, de buffles, de singes et de serpents. Le Gange est infesté de crocodiles. Le cheval et le chameau sont originaires de l'Arabie.

Dans les plaines froides de Sibérie vivent de nombreux animaux à fourrures: la zibeline, le renard argenté, le renard bleu, le petit-gris, l'ours, etc.

AFRIQUE PHYSIQUE

1. Situation. — L'**Afrique** est trois fois plus grande que l'Europe. C'est une immense presqu'île qui s'étend entre la *mer Méditerranée* au nord, l'*océan Atlantique* à l'ouest, l'*océan Indien* et la *mer Rouge* à l'est.

2 Caps. — Les points extrêmes du continent africain sont : au nord, le *cap Bon;* à l'ouest, le *cap Vert;* à l'est, le *cap Guardafui;* au sud, le *cap de Bonne-Espérance.*

3. Golfes. — A l'ouest, l'océan Atlantique creuse le grand *golfe de Guinée;* au nord, la Méditerranée forme le *golfe de Gabès;* à l'entrée de la mer Rouge se trouve le *golfe d'Aden.*

4. Détroits. — La Méditerranée communique avec l'océan Indien par le *canal de Suez,* la *mer Rouge* et le *détroit de Bab-el-Mandeb.* Elle communique avec l'océan Atlantique par le *détroit de Gibraltar.*

5. Iles. — *Madagascar,* terre française, est la seule île considérable de la côte africaine; elle est séparée du continent par le *canal de Mozambique.* Au nord-ouest de cette grande île, nous possédons *Nossi-Bé* et le groupe des *Comores,* dont *Mayotte* est la principale; sur la côte orientale, *Sainte-Marie* et, plus loin, dans l'océan Indien, *l'île de la Réunion.* L'*île Maurice,* et, plus au nord, les *Amirantes,* les *Seychelles* et *Socotora* appartiennent à l'Angleterre.

Au nord-ouest, dans l'océan Atlantique, se trouvent quelques îles importantes par leur situation ; les *Açores,*

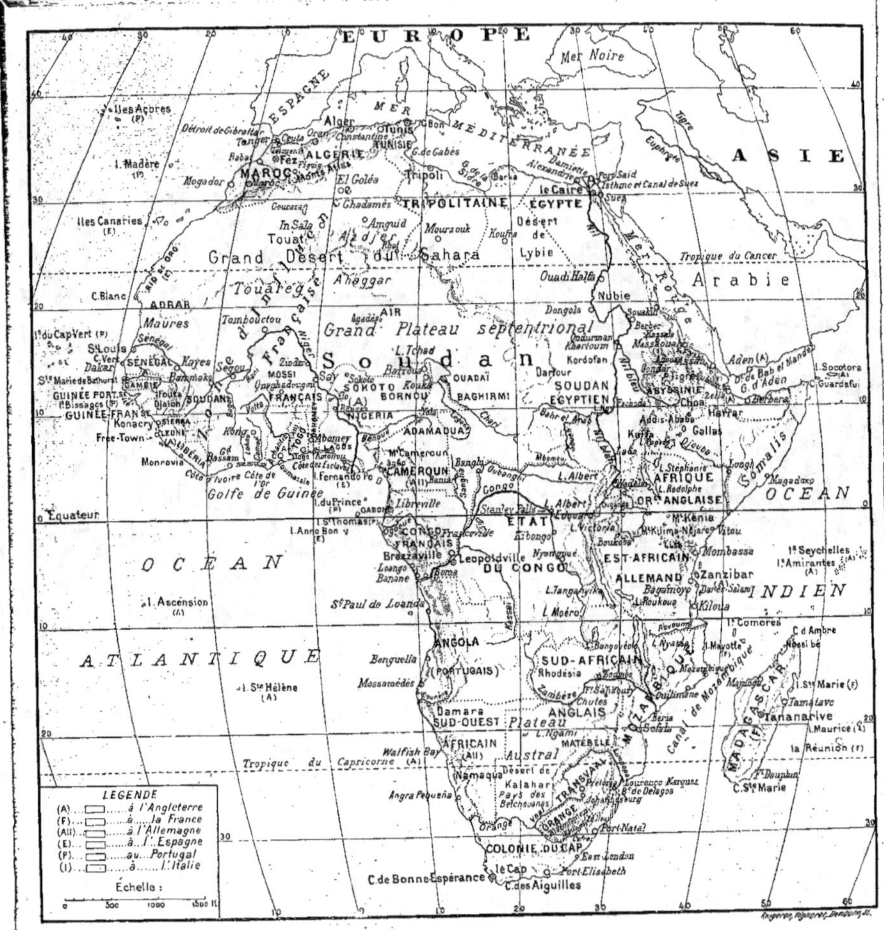

AFRIQUE.

Madère, les *îles du Cap-Vert*, au Portugal; les *Canaries* à l'Espagne.

6. Montagnes. — Le continent africain est un immense plateau divisé en deux parties : la partie septentrionale, bordée au nord-ouest par les *monts Atlas*; à l'ouest par le *Fouta-Djalon*; au sud par le *mont Cameroun*, à l'est, par le *massif d'Abyssinie*, qui est de forme arrondie.

La partie méridionale où se trouvent, avec les *monts Kénia* et *Kiliman Djaro* (plus de 6.000 mètres), la région montagneuse du *Cap*, qui est de forme triangulaire.

7. Lacs. — Dans l'intérieur sont des lacs immenses et profonds : le *lac Tchad* dans le Soudan, les *lacs Victoria-Nyanza*, *Albert-Nyanza*, *Albert-Edouard* dans la région équatoriale; et, plus au sud, les *lacs Tanganyika*, *Bangouéolo* et *Nyassa*.

DEVOIRS. — 6. Quelles sont ses principales montagnes? — 7. Nommez ses principaux lacs. — 8. Quels sont les grands fleuves africains? Dans quelles mers se rendent-ils?

8. Fleuves. — L'Afrique a de très grands fleuves : le *Nil* sort du lac Victoria et se rend dans la Méditerranée. Le *Zambèze* reçoit les eaux du lac Nyassa et se jette dans le canal de Mozambique. L'océan Atlantique a pour tributaires : le *Sénégal* et le *Niger*, descendus du Fouta-Djallon ; l'*Ogooué* qui arrose le Congo français ; le *Congo*, venu des lacs intérieurs ; l'*Orange*, grossi du *Vaal*.

AFRIQUE POLITIQUE

1. L'Afrique n'est pas divisée, comme l'Europe, en contrées bien distinctes. Seuls les pays du littoral ont leurs limites à peu près définies.

2. L'**Égypte** (9.500.000 d'hab.), fertilisée par les inondations du Nil, a pour capitale Le Caire (576.000 hab.), à l'entrée du delta. *Alexandrie* (320.000 hab.) est un port important sur la Méditerranée ; *Port-Saïd* et *Suez* sont deux ports situés aux deux extrémités du canal de Suez.

L'Égypte, occupée militairement par les Anglais, est sous la suzeraineté du sultan turc. Elle est gouvernée par un vice-roi ou khédive.

Productions. — La vallée du Nil est remarquable par les inondations périodiques du fleuve qui y déposent un limon fécondant. On y fait, grâce à ce phénomène et à la chaleur du climat, jusqu'à deux récoltes de blé par an.

3. Au sud de l'Égypte, l'**Abyssinie**, pays montagneux et pittoresque, a pour capitale Addis-Ababa (50.000 hab.).

4. Sur la Méditerranée, la **Tripolitaine**, capitale Tripoli, fait partie de l'empire turc.

5. La **Tunisie** (2.000.000 d'hab.), capitale Tunis, est sous le protectorat de la France.

Cette contrée, peuplée en grande partie d'Européens, possède un sol fertile et d'abondantes richesses ; comme l'Algérie, sa voisine, elle est appelée à un brillant avenir.

6. L'**Algérie** (4.125.000 hab.), qu'on nomme aussi « *France africaine* », a pour villes principales Alger, Oran et Constantine.

7. Le **Maroc** (8.000.000 d'hab.), en face de l'Espagne, a pour capitale Fez, et pour ville principale *Tanger*.

8. Le **Sahara**, pays des Touareg, est traversé par de nombreuses caravanes. *Tombouctou*, sur le Niger, est occupé par nos soldats.

9. Le **Soudan** ou **Pays noir** est encore peu connu ; il est arrosé, à l'ouest, par le Niger ; au centre, par le Chari, affluent du lac Tchad ; à l'est, par le Nil blanc. L'intérieur est partagé entre diverses races guerrières.

10. Les côtes de l'Atlantique sont occupées par les Français, les Anglais, les Portugais et les Allemands.

11. La France possède le **Sénégal**, le **Soudan français**, le **Dahomey** et le **Congo français**.

12. La **République de Libéria**, capitale Monrovia, a été fondée par les États-Unis pour des nègres affranchis.

13. L'**État libre du Congo** appartient au roi des Belges.

14. Au sud se trouve la **colonie anglaise du Cap**, capitale Le Cap, port très commerçant.

15. Au nord de cette colonie, l'**État libre d'Orange**, capitale Bloemfontein, et la **République du Transvaal**, capitale Prétoria, ont été fondés par des colons hollandais mêlés de quelques Français d'origine.

Productions. — On trouve dans le Transvaal de riches gisements d'or, dont beaucoup sont en pleine exploitation.

16. La *côte de* **Mozambique** appartient au Portugal.

17. Les Anglais et les Allemands se partagent le littoral dans la région des lacs.

18. L'intérieur est occupé par de nombreux États nègres, aux peuplades ignorantes et superstitieuses.

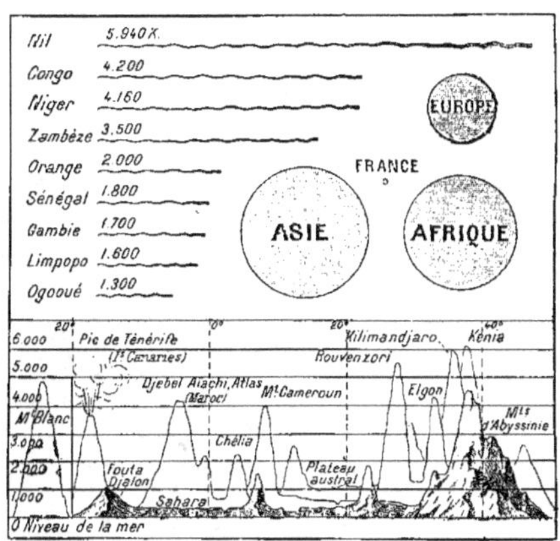

Superficies comparées de l'Afrique, de l'Asie, de l'Europe et de la France. — Longueurs comparées des principaux fleuves et hauteurs comparées des principales montagnes d'Afrique.

Lecture.

Climat et population. — L'Afrique forme un immense plateau qui se présente d'un seul bloc. Les communications entre les différentes contrées sont très difficiles. Aussi l'intérieur du continent noir nous a-t-il été révélé de nos jours seulement par Livingstone, de Brazza, Stanley et autres explorateurs. C'est le pays des plus curieux contrastes : ici une puissante végétation est foulée par les géants du règne animal ; là s'étend un steppe solitaire, un désert aride et brûlé par le soleil. Traversée par l'équateur presque dans son milieu, l'Afrique appartient en grande partie à la zone torride.

La population comprend des Européens, des Kabyles, des Arabes, des Maures et des nègres.

Productions. — Les bords de la Méditerranée ont l'oranger, le citronnier, le figuier, le blé, la vigne ; au Cap croissent nos arbres fruitiers. Les contrées tropicales produisent le baobab, le palmier, le caféier, la canne à sucre, le riz, le cotonnier, des bois de teinture et d'ébénisterie.

Les productions minérales de l'Afrique paraissent atteindre de grandes proportions. Le Tell algérien a des mines de fer et des gisements de phosphates. Le Sahara possède des mines de sel, la côte de Guinée de la poudre d'or. Une grande partie de l'Afrique du sud semble un vaste champ d'or dont les richesses éclipsent celles même des mines de diamants voisines. Madagascar a des gisements de houille, de fer, d'argent et de cuivre encore inexploités.

Animaux. — Le chimpanzé, le gorille, et de nombreuses espèces de singes habitent les forêts tropicales, à côté d'innombrables oiseaux aux couleurs éclatantes ; l'éléphant, le rhinocéros et l'hippopotame recherchent les bords des fleuves et des lacs ; la girafe, le lion, la panthère, l'autruche fréquentent la lisière du désert ; l'antilope, le zèbre, la gazelle se rencontrent dans l'intérieur ; l'hyène et le chacal rôdent autour des habitations ; le python et d'autres serpents énormes fréquentent les forêts et les marécages ; les crocodiles peuplent les grands cours d'eau. Le cheval, le mouton, la chèvre font la seule richesse des populations nomades.

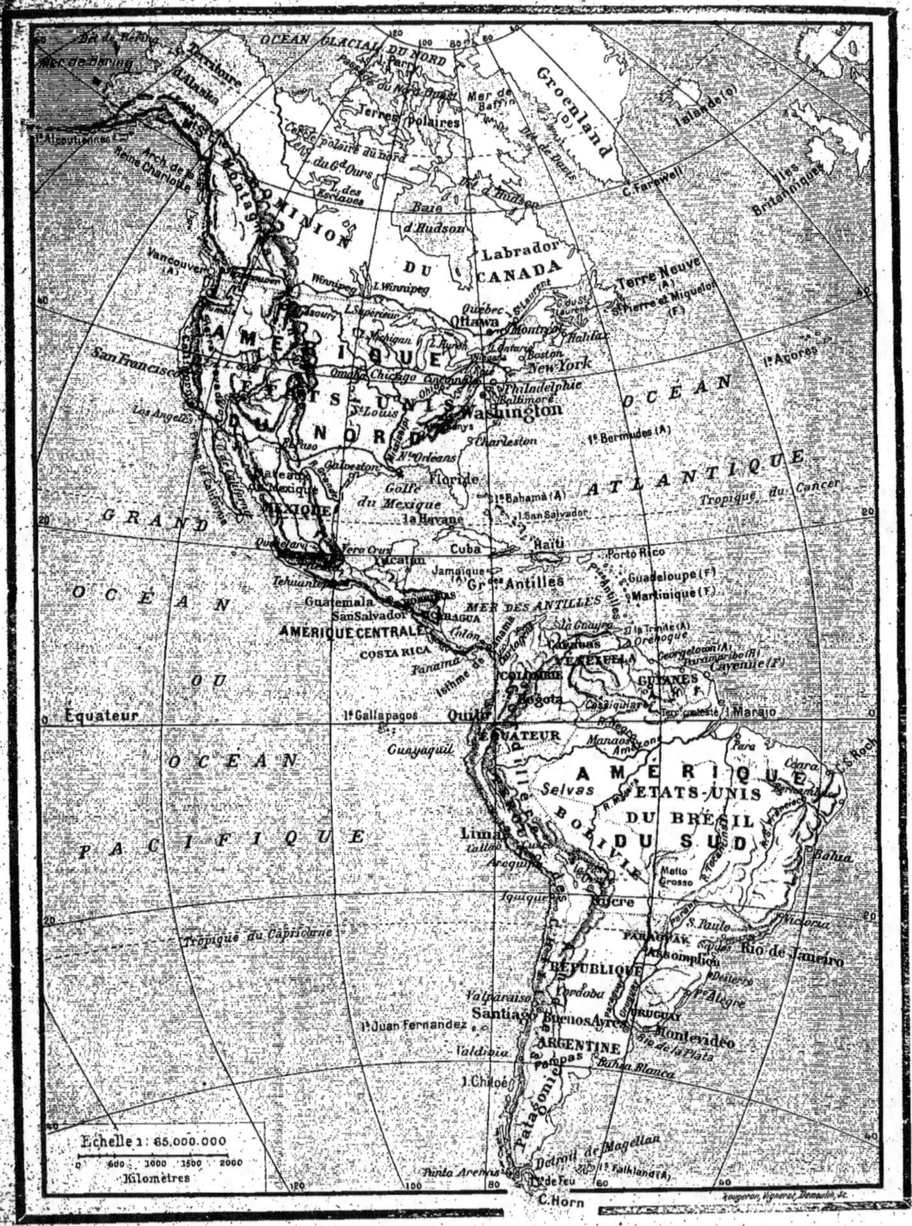
Dt de Bering
Mer de Bering
OCÉAN GLACIAL DU NORD
Groenland (D)
Islande (D)
Terres polaires
Mer de Baffin
Is Aléoutiennes
Arch. de la Reine Charlotte
DOMINION DU CANADA
Labrador
C. Farewell
Iles Britanniques
Vancouver (A)
Winnipeg
L. Winnipeg
L. Supérieur
Québec
Ottawa
Montréal
Halifax
Terre Neuve (A)
St Pierre et Miquelon (F)
San Francisco
Michigan
Huron
Boston
New York
Iles Açores
AMÉRIQUE
ÉTATS-UNIS DU NORD
Omaha
Chicago
Cincinnati
Philadelphie
Baltimore
Washington
OCÉAN
Los Angeles
St Louis
Charleston
Is Bermudes (A)
El Paso
Galveston
N. Orleans
Floride
ATLANTIQUE
Plateau de Mexique
Golfe du Mexique
Is Bahama (A)
I. San Salvador
Tropique du Cancer
GRAND
MEXIQUE
la Havane
Quérétaro
Vera Cruz
Cuba
Haïti
Porto Rico
OCÉAN
Tehuantepec
Yucatan
Jamaïque
Gdes Antilles
Guadeloupe (F)
Martinique (F)
Guatemala
San Salvador
Managua
MER DES ANTILLES
OU
AMÉRIQUE CENTRALE
COSTA RICA
Colon
Panama
la Guayra
Caracas
la Trinité (A)
Orénoque
Georgetown (A)
Paramaribo (H)
Cayenne (F)
Isthme de Panama
VENEZUELA
COLOMBIE
Bogota
GUYANES
Cassiquiare
Equateur
Is Galapagos
Quito
Marajo
ÉQUATEUR
Manaos
Amazone
Para
C. St Roch
PACIFIQUE
Guayaquil
AMÉRIQUE
Selvas
ÉTATS-UNIS
Ceara
Lima
Callao
BOLIVIE
DU BRÉSIL
Arequipa
Matto Grosso
DU SUD
Bahia
Iquique
Sucre
Victoria
Tropique du Capricorne
PARAGUAY
S. Paulo
Rio de Janeiro
RÉPUBLIQUE
Assomption
Cordoba
P. Alegre
Valparaiso
URUGUAY
Santiago
Buenos Ayres
Montevideo
I. Juan Fernandez
R. de la Plata
Valdivia
ARGENTINE
Pampas
Bahia Blanca
I. Chiloé
Patagonie
Détroit de Magellan
Is Falkland (A)
Punta Arenas
Te de Feu
C. Horn
Echelle 1: 65.000.000
0   500   1000   1500   2000
Kilomètres

AMÉRIQUE PHYSIQUE

1. Situation. Mers. — L'Amérique s'allonge, comme une île immense, entre l'*océan Atlantique* à l'est et le *Grand Océan* ou *océan Pacifique* à l'ouest; l'*océan Glacial du Nord* et la *mer de Baffin* baignent ses côtes septentrionales.

2. Le continent américain, qui a une étendue quatre fois plus grande que celle de l'Europe, se compose de deux grandes masses : l'*Amérique du Nord* et l'*Amérique du Sud*, reliées par l'*isthme de Panama*. Entre les deux Amériques, l'océan Atlantique a creusé un golfe profond, la *mer des Antilles*.

Amérique septentrionale.

3. Golfes. — L'Amérique septentrionale a des côtes très irrégulières. Au nord, la *baie d'Hudson*; à l'est le *golfe du Saint-Laurent;* au sud, le *golfe du Mexique;* à l'ouest, le *golfe de Californie* ou *mer Vermeille* pénètre profondément dans les terres.

4. Détroits. — En contournant l'Amérique par le nord, on peut se rendre de l'océan Atlantique dans l'océan Pacifique par le *détroit de Davis*, la *mer de Baffin* , l'*océan Glacial*, le *détroit* et la *mer de Béring*.

C'est ce qu'on appelle le *passage du nord-ouest* si longtemps cherché.

Le *détroit d'Hudson* fait communiquer la baie d'Hudson avec l'océan Atlantique.

5 Iles. — Des terres glacées et inhospitalières sont répandues dans l'océan Glacial; la plus considérable, le *Groenland*, est habitée par quelques tribus d'Esquimaux et appartient au Danemark.

Sur la côte orientale, les *îles Saint-Pierre* et *Miquelon* à la France; *Terre-Neuve*, les *Bermudes*, les *îles Bahama* ou *Lucayes* à l'Angleterre; les *Antilles*, entre les deux Amériques, sont pour la plupart des possessions européennes.

Au nord-ouest, l'*île de Vancouver* appartient aux Anglais; et les îles *Aléoutiennes* (aux États-Unis) continuent la presqu'île d'Alaska.

6. Presqu'îles. — La *presqu'île d'Alaska*, au nord-ouest, fait face à l'Asie. Sur la côte du Pacifique s'allonge la *presqu'île de Californie*. Dans l'Atlantique, deux presqu'îles, le *Yucatan* et la *Floride*, encadrent le golfe du Mexique. Au nord-est s'avancent la *Nouvelle-Écosse* et le *Labrador*.

7. Montagnes et Plaines. — La haute chaîne de montagnes qui borde la côte du Pacifique porte le nom de *montagnes Rocheuses*.

Deux grandes plaines s'étendent à l'est des montagnes Rocheuses. L'une d'elles s'incline vers le nord; elle est froide, marécageuse, couverte de forêts et de lacs. L'autre se dirige vers le sud; elle est riche et fertile.

8. Fleuves. — Le *Mississipi* « père des fleuves » se rend dans le golfe du Mexique.

Un autre fleuve, le *Saint-Laurent*, s'écoule dans l'Atlantique. Il traverse un pays autrefois français, le *Canada*, où l'on parle encore notre langue.

9 Lacs. — Le Saint-Laurent reçoit les eaux de cinq grands lacs qui forment une véritable mer d'eau douce. Ce sont : les *lacs Supérieur, Michigan, Huron, Erié* et *Ontario.*

Les eaux du lac Erié tombent dans le lac Ontario par la fameuse *cataracte du Niagara*, dont le fracas s'entend à une distance de plusieurs lieues.)

Amérique méridionale.

10. Forme. — L'Amérique méridionale est peu découpée. Elle a la forme d'un triangle dont les trois sommets sont marqués par l'*isthme de Panama* au nord-ouest, le *cap Saint-Roch* à l'est et le cap *Horn* au sud.

11. Iles. — L'archipel de la *Terre de Feu*, qui la termine, est séparé du continent par le *détroit de Magellan*.

12. Montagnes. — La chaîne de montagnes qui longe le Pacifique, dans l'Amérique méridionale, prend le nom de *Cordilhère des Andes*.

13. Fleuves. — De nombreux cours d'eau descendent de ces montagnes; ils arrosent de vastes plaines, couvertes de hautes herbes, appelées *pampas*.

L'*Amazone*, le plus grand fleuve du monde, traverse d'immenses forêts vierges.

Le *Rio de la Plata* est l'estuaire de plusieurs fleuves: l'*Uruguay*, le *Parana* et le *Paraguay*.

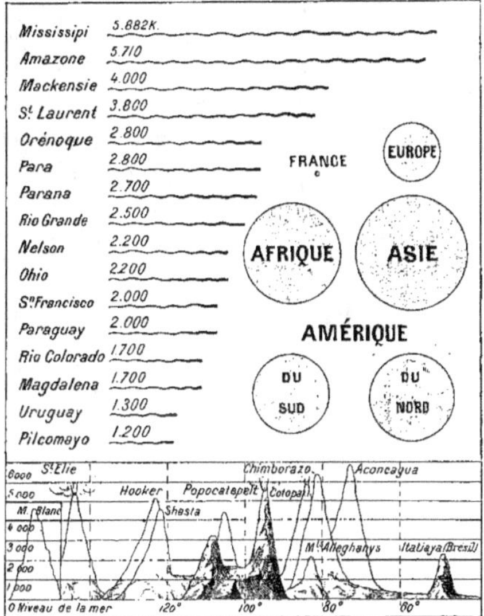

Superficies comparées des deux Amériques, de l'Asie, de l'Afrique, de l'Europe et de la France. — Longueurs comparées des principaux fleuves et hauteurs comparées des principales montagnes de l'Amérique.

AMÉRIQUE POLITIQUE

1. L'Amérique du Nord a été colonisée, il y a trois siècles, par les Français, les Anglais, les Espagnols. Elle comprend trois grands États : le *Dominion* ou *Puissance du Canada*, les *États-Unis* et le *Mexique.*

Devoirs — 1. Entre quelles mers est situé le nouveau monde ? — 2 Par quel sont reliées les deux Amériques? — 3 Citez les golfes. — 4. Nommez les détroits. — 5. Quelles sont les îles répandues dans les trois océans? — 6. Dites les principales presqu'îles? — 7. Citez les montagnes et les plaines de l'Amérique du Nord? — 8. Nommez ses deux grands fleuves. — 9. Quels sont les cinq grands lacs qui s'écoulent dans le Saint-Laurent? — 10. Quelle est la forme de l'Amérique méridionale? Où sont ses trois sommets? — 11. Quel détroit sépare la Terre de Feu du continent? — 12. Quelle chaîne de montagnes longe le Pacifique? — 13. Nommez le grand fleuve qui descend de ces montagnes. Par quels cours d'eau est formé le Rio de la Plata? 1. Qui a colonisé l'Amérique du Nord ?

TYPES, ANIMAUX ET PRODUCTIONS DE L'AMÉRIQUE.

2. Le **Dominion** (5.000.000 d'hab.) et les terres polaires forment l'*Amérique anglaise* dont la capitale est OTTAWA.

3. La **république des États-Unis** (72.000.000 d'hab.), occupe un territoire qui égale la superficie de l'Europe. Sa capitale est WASHINGTON (230.000 hab.).

New-York (1.800.000 habitants), sur l'Atlantique, est la ville la plus commerçante de toute l'Amérique.
Philadelphie, sur l'Atlantique, et *San-Francisco*, sur le Pacifique, sont des ports importants.
Chicago (1.500.000 hab.), au sud du lac Michigan; *Saint-Louis*, sur le Mississipi; la *Nouvelle-Orléans*, à son embouchure, sont des villes considérables.

Le **Territoire d'Alaska**, au nord-ouest, est une possession des États-Unis.

4. La **république du Mexique** (12.600.000 hab.) est une ancienne colonie espagnole.

Mexico (340.000 hab.) en est la capitale; son principal port se nomme *Vera-Cruz*.

5. Une partie de l'isthme qui relie les deux Amériques forme l'**Amérique centrale**, composée de cinq petites républiques (*Guatémala, Salvador, Honduras, Nicaragua, Costa-Rica*).

6. Les **Antilles** sont divisées en *grandes Antilles* et en *petites Antilles*.

Grandes Antilles : *Cuba*, naguère à l'Espagne, capitale LA HAVANE; *La Jamaïque*, à l'Angleterre; *Haïti*, indépendante; *Porto-Rico*, cédée aux États-Unis par l'Espagne.

Petites Antilles : la *Martinique* et la *Guadeloupe*, qui sont les plus belles, appartiennent à la France.

Toutes ces îles produisent la canne à sucre et le café.

7. L'**Amérique du Sud** a été colonisée par les Portugais et les Espagnols. Les possessions portugaises ont formé la vaste **république du Brésil** (15.000.000 d'hab.), capitale RIO-DE-JANEIRO (522.000 hab.) au fond d'une baie magnifique. Villes principales : *Pernambouc* et *Bahia*.

8. Les anciennes colonies espagnoles se sont rendues indépendantes et forment aujourd'hui neuf républiques.

Au nord : le **Vénézuela**, capitale CARACAS; la **Colombie**, capitale BOGOTA.

À l'ouest : l'**Équateur**, capitale QUITO (à 2.850 mètres au-dessus de la mer); le **Pérou**, capitale LIMA (104.000 hab.); le **Chili**, capitale SANTIAGO : port principal, *Valparaiso*.

À l'est : la **République Argentine**, capitale BUENOS-AYRES; l'**Uruguay**, capitale MONTEVIDEO.

Ces deux dernières villes s'élèvent sur l'estuaire du rio de la Plata.

Dans l'intérieur : le **Paraguay**, capitale ASSOMPTION, et la **Bolivie**, capitale SUCRE.

DEVOIRS. — 2. Que comprend l'Amérique anglaise? — 3. Parlez des États-Unis. A qui appartient le territoire d'Alaska? — 4. Quelle est la capitale et le principal port du Mexique? — 5. Nommez les cinq petites républiques de l'Amérique centrale. — 6. Citez les îles qui composent les Grandes Antilles. Que possède la France dans les Petites Antilles? Que produisent ces îles? — 7. Parlez du Brésil. — 8. Nommez les neuf républiques colonisées par les Espagnols. — 9. A qui est la Guyane?

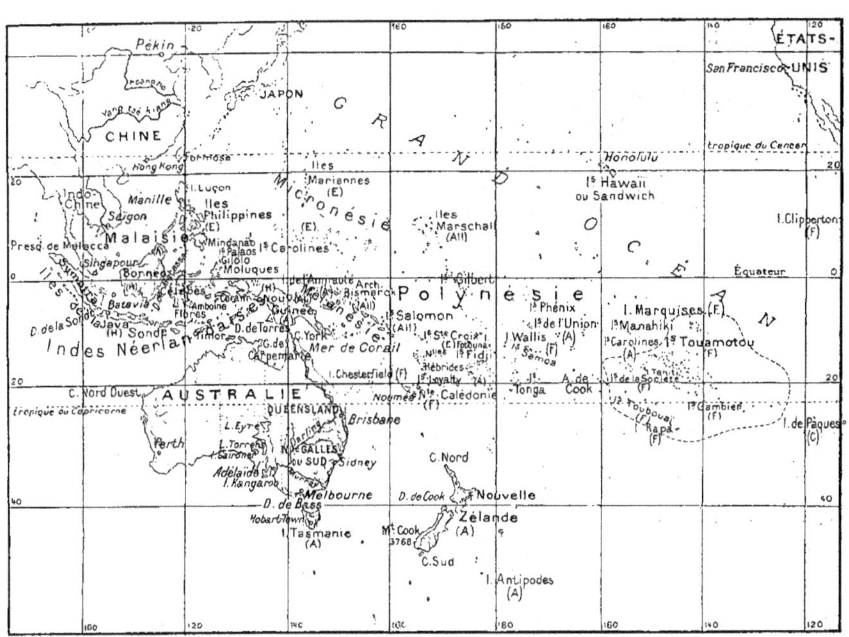

OCÉANIE.

9. La **Guyane**, au nord-est, se partage entre la France, la Hollande et l'Angleterre.

La capitale de la Guyane française est CAYENNE.

Lecture.

Population. — Trois langues sont surtout parlées en Amérique : l'anglais dans l'Amérique du Nord, l'espagnol dans le Mexique et dans presque toute l'Amérique du Sud, le portugais au Brésil.

Les Indiens de l'Amérique du Sud ont la peau brune : ils se sont mêlés aux colons européens et se sont civilisés dans une certaine mesure.

Climat et productions. — L'Amérique a tous les climats. Les terres boréales sont glacées, marécageuses, inhospitalières.

Les plaines du centre ont un climat tempéré : elles sont riches en prairies et en champs de céréales.

Dans les zones tropicales, on cultive le café, le cacao, le coton, le tabac, la canne à sucre ; on y exploite aussi des bois précieux (acajou et palissandre appelés « bois des îles ».

Animaux. — L'Amérique nourrit de nombreuses espèces d'animaux. La zone polaire a l'ours blanc et le phoque ; plus au sud se rencontrent les bêtes à fourrures : zibelines, petits gris, castors, ours gris.

La baleine s'ébat dans les mers glacées. On pêche la morue sur le banc de Terre-Neuve.

Dans la zone équatoriale vivent les caïmans, de dangereux serpents, le jaguar, le tapir, le fourmilier, la sarigue et d'innombrables variétés d'oiseaux au plumage éclatant.

Le lama et le condor se plaisent dans les Andes.

Les pampas nourrissent des chevaux sauvages, des troupeaux de bœufs et de moutons.

OCÉANIE

1. On donne le nom d'**Océanie** (50.000.000 d'hab.) à l'ensemble des terres répandues dans le Grand Océan.

2. Ces terres peuvent être réparties en trois groupes :
1° La *Malaisie*, grandes îles au sud-est de l'Asie.

2° L'*Australie*, et les îles qui s'y rattachent.

3° La *Polynésie*, formée des nombreux archipels disséminés dans la partie orientale de l'océan Pacifique.

3. La **Malaisie** (pays des Malais) comprend : les îles de *Sumatra*, *Java*, *Bornéo*, *Célèbes* et les *Moluques*, aux Hollandais ; les *Philippines*, naguère à l'Espagne.

Productions. — La plupart de ces îles produisent : le café, le coton, la canne à sucre, les épices (poivre, clou de girofle, noix de muscade, etc.).

4. L'**Australie** (4.000.000 d'hab.) appartient aux Anglais ; c'est une grande île, vaste comme un continent, dont l'étendue est égale aux deux tiers de l'Europe.

Productions. — Ce continent a des animaux particuliers : le kangourou, le casoar, l'oiseau-lyre, le cygne noir.

L'Australie jouit d'un climat tempéré. Les colons anglais y cultivent le blé, la vigne ; ils y élèvent de grands troupeaux de moutons, dont la laine est exportée en Europe.

Sur la côte orientale s'élèvent les villes de MELBOURNE (420.000 hab.) et de *Sidney* (408.000 hab.)

TYPES ET ANIMAUX DE L'OCÉANIE.

5. À l'Australie se rattachent deux autres possessions anglaises : la *Tasmanie* et la *Nouvelle-Zélande*.

6. La **Nouvelle-Guinée**, au nord de l'Australie, est partagée entre les Anglais, les Allemands et les Hollandais.

7. La **Nouvelle-Calédonie**, capitale Nouméa, appartient à la France. Elle y déporte ses criminels.

8. La **Polynésie** est la région par excellence du cocotier, de l'arbre à pain, du bananier. La France possède les îles *Marquises*, les îles de la *Société* ou *Tahiti*, les îles *Touamotou* et d'autres moins importantes.

9 Les îles **Havaï**, cap. Honolulu, ont été annexées par les États-Unis en 1898.

Lecture.

Climat et situation. — Les îles de l'Océanie jouissent en général d'un climat très chaud, tempéré par le voisinage de la mer. Les côtes sont dangereuses à cause des nombreux récifs de corail qui les bordent.

Animaux et productions. — On ne trouve ordinairement pas, en Océanie, les animaux qui vivent dans les autres parties du monde; les plantes mêmes diffèrent de celles des autres pays. (Voir Australie.)

Population. — Les principales races qui vivent dans ces îles sont les Malayo-Polynésiens, les nègres océaniens, les Papous, etc. Français, Anglais, Hollandais, Portugais, Allemands et Américains ont établi en Océanie des stations navales ou des colonies.

MÉTÉORES ET PHÉNOMÈNES NATURELS.

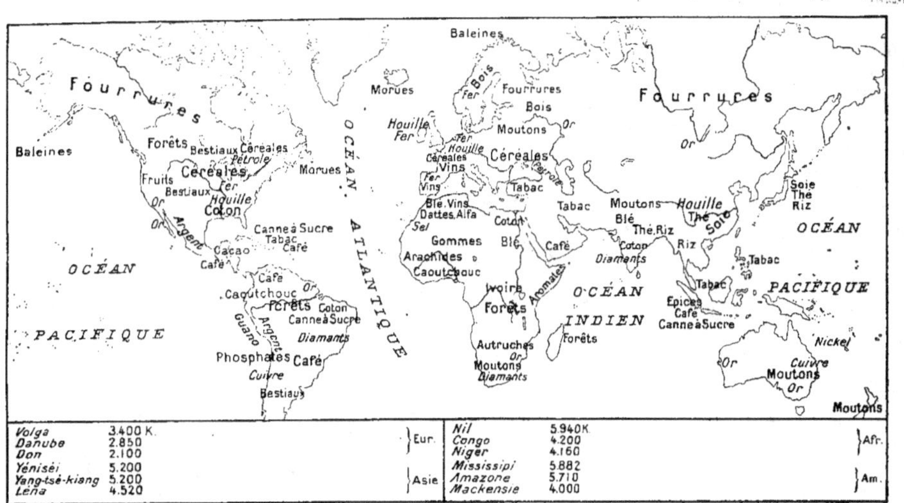

Volga	3.400 K.		Eur.	Nil	5.940 K.		Afr.
Danube	2.850			Congo	4.200		
Don	2.100			Niger	4.160		
Yénisséi	5.200		Asie	Mississipi	5.882		Am.
Yang-tsé-kiang	5.200			Amazone	5.710		
Lena	4.520			Mackensie	4.000		

Principales productions du globe. — Longueurs comparées des trois principaux fleuves d'Europe, d'Asie, d'Afrique et d'Amérique.

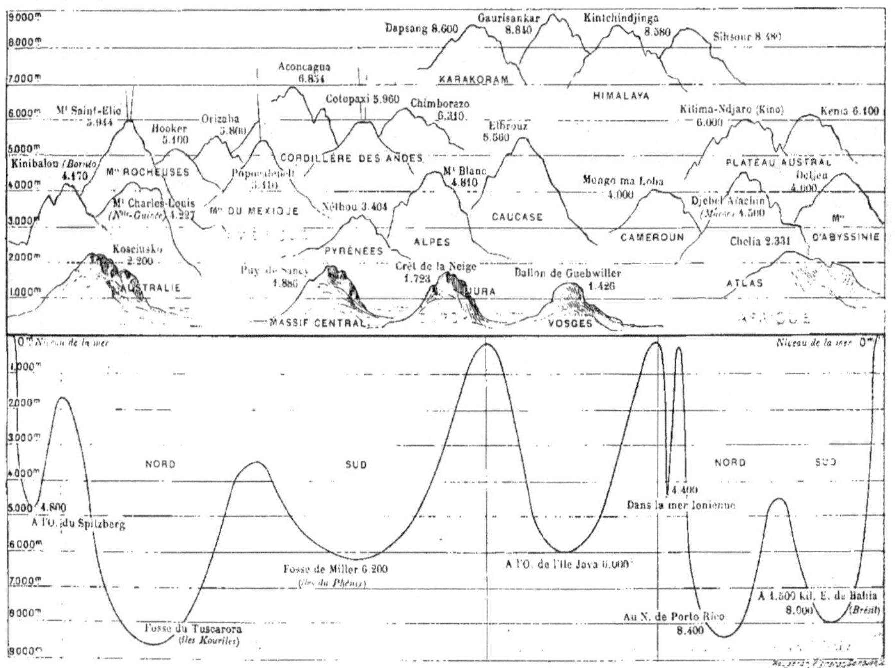

Hauteurs comparées des principales montagnes du globe. — Profondeurs comparées des océans.

FRANCE. — Relief du sol.

EXERCICES CARTOGRAPHIQUES. — 1. Tracez les côtes de la Manche de Dunkerque à l'embouchure de la Seine; de l'embouchure de la Seine à la pointe Saint-Mathieu. Indiquez les ports, les caps et les îles de la côte. — 2. Tracez les côtes de l'océan Atlantique de la pointe Saint-Mathieu à l'embouchure de la Bidassoa. — 3. Dessinez la ligne frontière entre l'Espagne et la France, en indiquant les principaux monts et les cols. — 4. Tracez les côtes de la Méditerranée, en indiquant les ports, les golfes ou baies, les îles et les caps. — 5. Tracez la ligne frontière entre la France, la Suisse et l'Italie, en indiquant les principaux monts et les cols. — 6. Dessinez la frontière de Belgique et d'Allemagne avec les principales villes et les cours d'eau. — 7. Tracez une carte de France et indiquez-y, par un trait plein assez fort, la direction des principales montagnes. — 8. Faites une carte de France, en y indiquant les principales plaines. — 9. Tracez une carte de France et indiquez-y, par un trait plein, la ligne de partage des eaux qui divise notre pays en deux grands versants.

FRANCE PHYSIQUE

1. Limites. — Notre pays est baigné : au nord et au nord-ouest, par la *mer du Nord* et la *Manche* ; à l'ouest, par l'*océan Atlantique* ; au sud, par la *mer Méditerranée*.

Il touche : au nord et au nord-est, à la *Belgique* et à l'*Allemagne* ; à l'est, à la *Suisse* ; au sud-est, à l'*Italie* ; au sud, à l'*Espagne*.

2. Superficie. Population. — La superficie de la France (Corse comprise) dépasse *536.000 kilom. carrés*. C'est, environ, la 19ᵉ partie de l'Europe et la 250ᵉ partie des terres qui couvrent le globe.

Près de *39 millions d'habitants* vivent sur ce vaste et fertile territoire.

CÔTES ET MONTAGNES

3. Côtes de la mer du Nord et de la Manche. — *Dunkerque* et *Calais*, sur la mer du Nord, sont des ports actifs, en relations suivies avec l'Angleterre.

Le *Pas de Calais*, large de 32 kilom. au *cap Gris-Nez*, fait communiquer la mer du Nord avec la Manche.

Au sud de *Boulogne*, port prospère, la côte s'abaisse vers l'estuaire de la Somme ; puis elle se relève pour former les *falaises du pays de Caux*, qui se terminent au *cap de la Hève*.

Le *Havre*, à l'embouchure de la Seine, est un grand port marchand, le second de France.

Entre l'estuaire de la Seine et la *presqu'île du Cotentin*, la côte est généralement basse et sablonneuse : là se trouvent les célèbres *plages normandes*, si fréquentées durant la saison des bains.

Au large, les *rochers du Calvados*.

Cherbourg, à l'extrémité du Cotentin, entre les *pointes de Barfleur* et *de la Hague*, est un grand port de guerre. A l'ouest, les *îles anglo-normandes* (Guernesey, Jersey, Aurigny et Sercq), riantes et fertiles, appartiennent aux Anglais.

Entre la *baie du Mont-Saint-Michel* et l'embouchure de la Loire s'avance la *presqu'île de Bretagne*, sol de granit rongé par la mer, dentelée de baies et de rades, frangée d'îles, de caps et de presqu'îles. Sur la côte nord, le *golfe de Saint-Malo* et la *baie de Saint-Brieuc*.

4. Côtes de l'océan Atlantique. — A partir de la *pointe Saint-Mathieu*, à l'ouest et au sud, la Bretagne est baignée par l'océan Atlantique et plus profondément découpée encore : *rades de Brest* et *de Lorient*, grands ports militaires ; *golfe du Morbihan* et *presqu'île de Quiberon*. Au large, les *îles d'Ouessant*, de *Groix*, de *Belle-Isle*.

Nantes et *Saint-Nazaire*, ports commerçants, ont grandi sur l'*estuaire de la Loire*.

Entre la Loire et la Gironde, le littoral est bas, souvent couvert de marais salants. Quelques îles importantes : *Noirmoutier* ; l'*île d'Yeu* ; *Ré* et *Oléron*. Ces deux dernières forment une digue naturelle qui abrite *La Rochelle*, port marchand, et *Rochefort*, port militaire sur la Charente.

Bordeaux, aux vins fameux, s'élève sur la Garonne à 120 kilom. de la mer.

Le beau phare de Cordouan éclaire l'*estuaire de la Gironde*.

De la Gironde aux Pyrénées, la côte du *golfe de Gascogne* est droite, à peine découpée, bordée de hautes dunes et d'étangs : *bassin d'Arcachon* ; port de *Bayonne*, sur l'Adour.

5. Côtes de la Méditerranée. — Les côtes de la Méditerranée offrent deux aspects bien distincts : à l'ouest du *delta du Rhône* et de l'*île de la Camargue*, le littoral du *golfe du Lion* est bas, marécageux et bordé de lagunes. Un seul port actif : *Cette*, entre l'*étang de Thau* et la mer. A l'est du Rhône et de l'*étang de Berre*, la côte de Provence est rocheuse, très découpée et dominée par des montagnes : *rade de Marseille*, notre premier port de commerce ; *rade de Toulon*, notre premier port de guerre ; *rade de Nice*, célèbre station d'hiver.

A ce littoral appartiennent les *îles d'Hyères* et de *Lérins*. On y rattache aussi la *Corse*, île montagneuse et boisée que découpe le *golfe d'Ajaccio*.

6. Relief du sol. — Une ligne, tirée du golfe de Gascogne à la frontière belge, diviserait la France en deux parties : au nord-ouest et à l'ouest la *région des plaines* ; au sud, au centre et à l'est, la *région des montagnes*.

7. Plaines. — Les principales plaines de la France sont : Au nord : 1° la *plaine de Flandre*, région très fertile ; — 2° la *plaine de Normandie*, aux gras herbages ; — 3° les *plaines du bassin de Paris* : Brie et Beauce, terres à blé ; — 4° la *plaine de Champagne*, dont les coteaux produisent des vins célèbres.

Au centre : 1° la belle *Touraine*, jardin de la France — 2° la *plaine marécageuse de la Sologne*.

Au sud-ouest : 1° la *plaine de la Garonne*, aux riches vignobles ; — 2° la *plaine sablonneuse des Landes*.

Au sud-est : La *plaine du bas Languedoc*, bordée par la Méditerranée.

Au nord-est : la *fertile plaine d'Alsace*, qui nous a été prise par les Allemands.

8. Montagnes. — Au centre de la France s'élève le *Massif central* entre les vallées du Rhône, de la Loire et de la Garonne. Plusieurs chaînes servent à le former : 1° les *Cévennes*, sur lesquelles il s'appuie à l'est ; — 2° les *monts d'Auvergne*, où il atteint sa plus grande élévation ; — 3° les *monts du Limousin*, à l'ouest ; — 4° les *monts du Velay* et *du Forez* qui séparent le Forez (vallée supérieure de la Loire) de la Limagne (vallée supérieure de l'Allier).

9. Cévennes. — Cette longue chaîne porte différents noms (voir la carte, p. 28). On la divise en *Cévennes méridionales*, au sud du *massif du Lozère* (1.702 m.), et en *Cévennes septentrionales* au nord. — Les Cévennes méridionales s'abaissent, à l'ouest du *mont Aigoual*, sur les *plateaux désolés des Causses*. Dans les Cévennes septentrionales, on remarque le *mont Gerbier-de-Jonc*, où naît la Loire, et le *mont Mézenc* (1.754 m.), point culminant de la chaîne.

10. Monts d'Auvergne. — Les monts d'Auvergne — de même les monts du Velay — sont d'anciens volcans éteints dont on distingue encore les cratères. Sommets principaux : *Plomb du Cantal* ; *Puy de Sancy* (1.886 m.), point le plus élevé de toute la France centrale : *Puy de Dôme*.

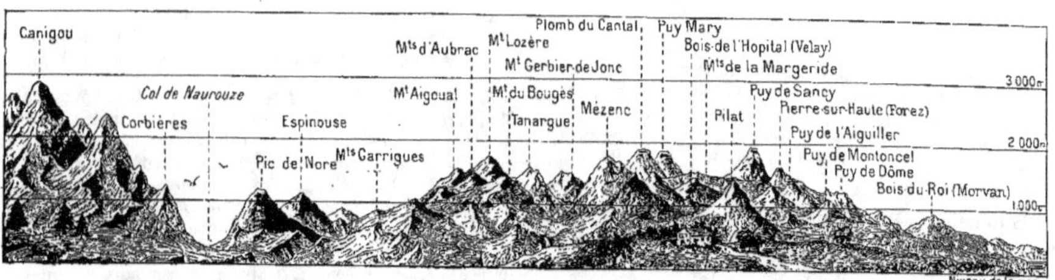

PRINCIPAUX PICS ET PRINCIPAUX PASSAGES DE LA « LIGNE DE PARTAGE DES EAUX »(1). [Des Cévennes au Morvan.]

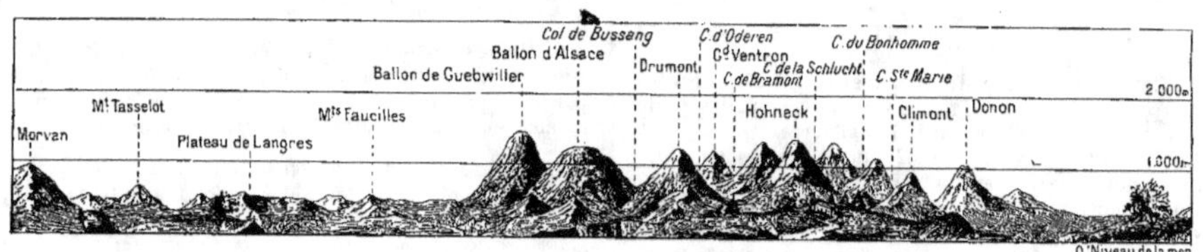

PRINCIPAUX PICS ET PRINCIPAUX PASSAGES DE LA «LIGNE DE PARTAGE DES EAUX » (Suite). [Du Morvan aux Vosges.]

(1) Les hauteurs données aux pics et aux montagnes sont rigoureusement proportionnelles à leur hauteur réelle: mais la distance entre ces montagnes, bien qu'étant proportionnellement observée, a dû être resserrée. ce qui fait que la hauteur des montagnes n'est pas en rapport avec la longueur de la chaîne.

11. Côte-d'Or. Morvan. Plateau de Lorraine. — Les *monts de la Côte-d'Or*, qui continuent les Cévennes, ont de riches vignobles. À l'ouest se trouve le *massif du Morvan*, couvert de forêts. Le *plateau de Langres*, au nord de la Côte-d'Or, donne naissance à la Seine.

Les *monts Faucilles* forment le talus méridional du *plateau de Lorraine*. Ce plateau, accidenté et boisé, est limité : au nord, par le *plateau des Ardennes*; à l'ouest, par les *collines de l'Argonne*, et à l'est, par la chaine *des Vosges*.

12. Vosges. — Les *Vosges* ont de belles forêts de sapins et des sommets arrondis en ballons : *Ballon d'Alsace*; *Ballon de Guebwiller* (1.426 m.), point culminant de la chaîne. — La frontière franco-allemande suit la crête de ces montagnes jusqu'au *mont Donon*. Plusieurs cols ou routes les franchissent : *cols de Saverne, de la Schlucht, de Bussang*, etc.; au sud s'étend la *trouée de Belfort* qui sépare les Vosges du Jura.

13. Jura. — Le *Jura* s'allonge entre le Rhône et le Rhin. Il est couvert de bois, de pâturages et descend, d'étage en étage, jusqu'à la vallée de la Saône. Point culminant : le *Crêt de la Neige* (1.723 m.). Autres sommets : le *Grand Crêt d'Eau*, la *Dôle*, etc. On y trouve les *cols de Joux, de Saint-Cergues, de la Faucille*.

14. Alpes. — Les *Alpes occidentales* s'étendent du lac de Genève à la Méditerranée. On les divise, du nord au sud, en : *massif du Mont-Blanc, Alpes Graies, Alpes Cottiennes* et *Alpes Maritimes*. Leur point culminant, le *mont Blanc* (4.810 m.), est le plus haut sommet de toute l'Europe. Entre le *mont Cenis* et le *mont Thabor* s'ouvre le célèbre *tunnel du mont Cenis* (long de plus de 12 kilomètres), qui livre passage à un chemin de fer. Le *mont Viso* donne naissance au Pô.

Les Alpes envoient en France trois contreforts principaux : 1° les *Alpes de Savoie*, avec leurs imposants *massifs de la Grande-Chartreuse et de la Vanoise*; — 2° les *Alpes du Dauphiné*, dont certaines cimes dépassent 4.000 mètres (Barre des Écrins, dans le massif du Pelvoux). Elles dominent la vallée du Rhône au *mont Ventoux*; — 3° les *Alpes maritimes*, comprises entre la Durance et la Méditerranée, où elles prennent le nom de *monts des Maures*.

Malgré leur hauteur, les Alpes sont aisément franchies par de belles routes aux *cols du Petit-Saint-Bernard, du mont Cenis, du mont Genèvre, de Larche, de Tende*, etc.

15. Pyrénées. — La *chaîne des Pyrénées* se dresse, comme un rempart, entre la France et l'Espagne. On la divise généralement en trois parties : *Pyrénées orientales, centrales, occidentales*.

Les *Pyrénées orientales* renferment la cime majestueuse du *Canigou* et le chaînon des *Albères*, au voisinage de la côte méditerranéenne.

Dans les *Pyrénées centrales* se dressent, en territoire espagnol, le *massif de la Maladetta*, d'où sort la Garonne, et le *pic de Néthou* 3.404 m., point culminant de la chaine.

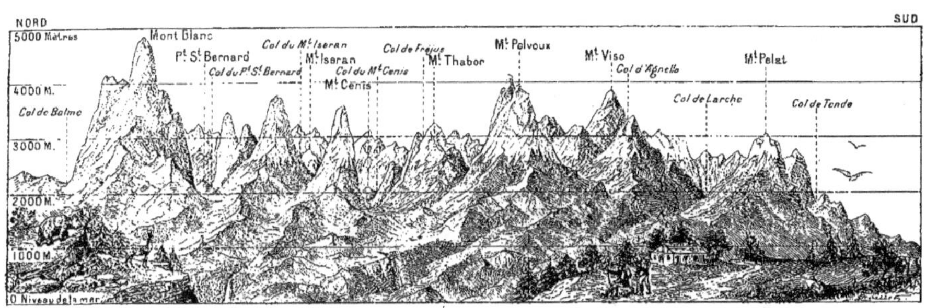

PRINCIPAUX PICS ET PRINCIPAUX PASSAGES DES ALPES FRANCO-ITALIENNES [1].

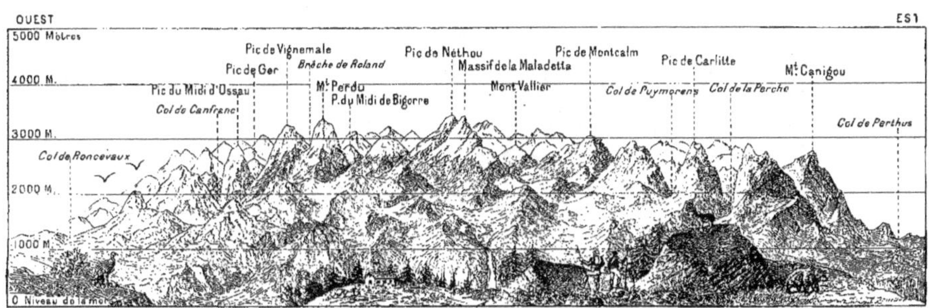

PRINCIPAUX PICS ET PRINCIPAUX PASSAGES DES PYRÉNÉES FRANCO-ESPAGNOLES [1].

(1) Les hauteurs données aux pics sont rigoureusement proportionnelles à leur hauteur réelle ; mais la distance entre ces pics, bien qu'étant proportionnellement observée, a dû être très resserrée, ce qui fait que la hauteur des montagnes n'est pas en rapport avec la longueur de la chaîne.

Vers le nord se détachent les *monts de Bigorre* (pic du Midi) et les *collines d'Armagnac*.

Le *mont Perdu*, le *Vignemale* (3.298 m.), la plus haute cime française des Pyrénées, se trouvent dans la *partie occidentale*.

Les Pyrénées sont moins hautes que les Alpes ; mais leurs cols sont très élevés et peu abordables. Les routes, les lignes de chemins de fer qui relient la France à l'Espagne ont été tracées aux deux extrémités de la chaîne.

16. Collines. — Dans la région des plaines s'élèvent quelques collines dont les principales sont : les *collines de Normandie*, les *monts de Bretagne*, le *Bocage vendéen*.

COURS D'EAU

1. Bassins. — La France est arrosée par de nombreux cours d'eau répartis en cinq grands bassins : *bassins de la Seine, de la Loire, de la Garonne, du Rhône et du Rhin.*

Outre ces cinq bassins principaux, il existe plusieurs bassins secondaires, qui sont :

1° Les *bassins de la Meuse* et *de l'Escaut*, tributaires de la mer du Nord ;

2° Les *bassins de la Somme, de l'Orne, de la Vire et de la Rance*, qui se jettent dans la Manche ;

3° Les *bassins du Blavet, de la Vilaine, de la Sèvre Niortaise, de la Charente* et *de l'Adour* qui se rendent dans l'océan Atlantique ;

4° Les *bassins de la Têt, de l'Aude, de l'Hérault, de l'Argens* et *du Var* qui s'écoulent dans la Méditerranée.

2. Versants. — Une longue chaîne de collines et de montagnes forme la *ligne de partage des eaux* et divise notre pays en deux versants principaux : au nord et à l'ouest de cette ligne, les cours d'eau se jettent dans la mer du Nord, la Manche et l'océan Atlantique (*versant de l'Océan*) ; au sud, ils tombent dans la mer Méditerranée (*versant de la Méditerranée*).

DEVOIRS. — 15. Indiquez les divisions des Pyrénées, leurs principaux sommets. À passent les lignes de chemin de fer ? — 16. Nommez quelques collines de France.

— 1. En combien de grands bassins se répartissent les fleuves français ? Citez-les. Nommez les bassins secondaires. — 2. En combien de versants divise-t-on la France ?

BASSIN DE LA SEINE. — (*Exercice cartographique.*)

3. Bassin de la Seine. — La Seine, au cours lent et sinueux, sort du plateau de Langres pour aller se jeter dans la Manche.

Elle n'a point de crues dangereuses en hiver, non plus que d'eaux trop basses en été; aussi cette régularité est-elle favorable à la navigation. C'est le fleuve de France qui transporte le plus de marchandises.

Les villes principales baignées par la Seine sont : *Troyes*, dans la grande plaine de Champagne; *Melun; Paris*, notre belle capitale; *Rouen*, la vieille cité normande; enfin, *Le Havre*, notre deuxième port de commerce, à l'embouchure du fleuve.

Née dans le département de la *Côte-d'Or*, la Seine traverse l'*Aube*, entre un instant dans la *Marne*, puis arrose les départements de *Seine-et-Marne*, de *Seine-et-Oise*, de la *Seine* (de nouveau Seine-et-Oise), de l'*Eure*, et de la *Seine-Inférieure*.

4. Affluents de la Seine. — Sur sa rive droite, la Seine reçoit quatre affluents principaux : 1º l'Aube roule ses eaux blanches sur le sol crayeux de la Champagne; — 2º la Marne baigne *Chaumont, Châlons* et se jette dans la Seine en amont de Paris; — 3º l'Oise a sa source en Belgique et se grossit de l'Aisne; — 4º l'Epte séparait jadis la Normandie de l'Ile-de-France.

5. Sur sa rive gauche, la Seine reçoit aussi quatre affluents principaux : 1º l'Yonne, venue du Morvan, baigne *Auxerre* et se grossit de l'Armançon; puis de la Vanne, petite rivière dont les eaux pures sont amenées à Paris; 2º le Loing longe la superbe forêt de Fontainebleau; 3º l'Eure passe à *Chartres* et reçoit l'Iton; — 4º la Rille se jette dans l'estuaire de la Seine.

6. Bassins secondaires ou fleuves côtiers. — 1º La Somme baigne *Amiens* et sa belle cathédrale; — 2º l'Orne arrose *Caen*; — 3º la Vire passe à *Saint-Lô*; — 4º la Rance forme devant *Saint-Malo* un large estuaire.

7. La ceinture du bassin de la Seine est formée : à l'est par les *collines de l'Argonne* et le *plateau de Langres*; — au sud-est par le *massif du Morvan* et les collines du *Nivernais*; au sud-ouest par les collines du *Perche* et le *bocage normand*.

Entre Paris et Orléans, la Seine et la Loire sont séparées par de grandes plaines à pente presque insensible : *plateau d'Orléans*. De même, au nord, de faibles ondulations séparent le bassin de la Seine de celui de l'Escaut.

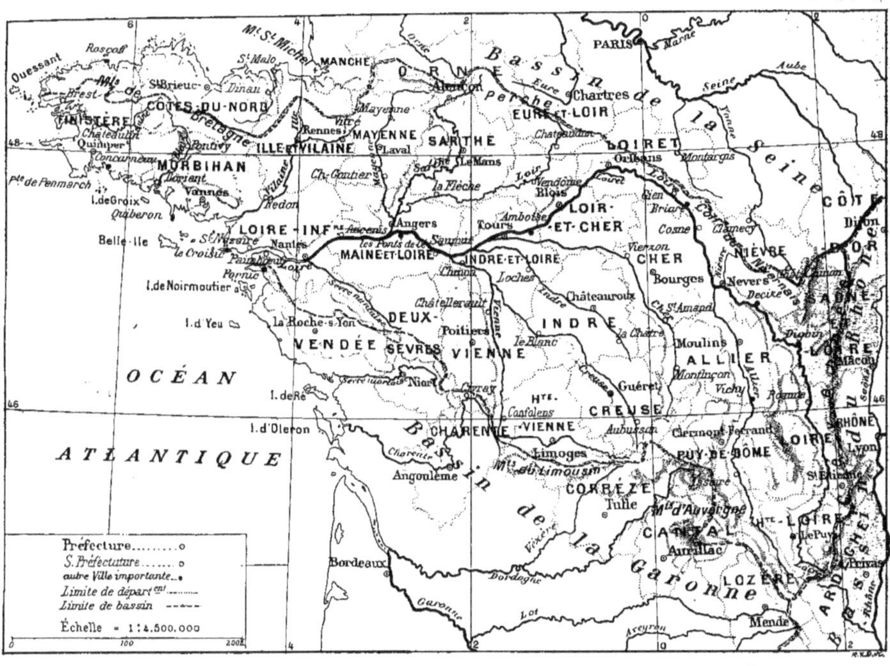

BASSIN DE LA LOIRE. — *(Exercice cartographique.)*

8. Bassin de la Loire.

8. Bassin de la Loire. — La Loire est le plus long fleuve de France. Elle prend sa source dans les Cévennes, au mont Gerbier-de-Jonc, et décrit une grande courbe pour se rendre dans l'océan Atlantique.

Malgré la longueur de son cours (près de 1.000 kilom.) ce beau fleuve est peu navigable : il est embarrassé de bancs de sable et ses eaux sont trop basses en été. Pendant l'hiver, au contraire, la Loire est sujette à des crues terribles qui inondent sa vallée et détruisent les digues élevées par les riverains.

Les villes principales que baigne la Loire sont : *Roanne*, où le fleuve devient navigable ; *Nevers* ; *Orléans*, vieille cité historique ; *Blois*, *Tours*, au milieu du jardin de la France ; *Nantes* et *Saint-Nazaire*, près de son embouchure.

Venue de l'*Ardèche*, la Loire arrose la *Haute Loire*, la *Loire*, le département de *Saône-et-Loire* qu'elle sépare ensuite de l'*Allier* ; la *Nièvre*, qu'elle sépare ensuite du *Cher*. Elle traverse les départements du *Loiret*, de *Loir-et-Cher*, d'*Indre-et-Loire*, de *Maine-et-Loire*, enfin de la *Loire-Inférieure*.

9. Affluents de la Loire. — Sur sa rive droite, la Loire reçoit deux affluents principaux : 1° la NIÈVRE, qui a son confluent à Ne-vers ; — 2° la MAINE, qui passe à *Angers*. La Maine est formée par la réunion de trois cours d'eau : la MAYENNE, rivière de *Laval* ; la SARTHE, qui baigne *Alençon*, *Le Mans* ; et le LOIR, affluent de la Sarthe.

10. Sur sa rive gauche, la Loire reçoit six affluents principaux : 1° l'ALLIER arrose *Moulins* ; — 2° le LOIRET, ou petite Loire, porte bateaux dès sa source ; — 3° le CHER borde au sud la marécageuse Sologne ; — 4° l'INDRE baigne *Châteauroux* ; — 5° la VIENNE descend du plateau central, passe à *Limoges*, se grossit du CLAIN, qui arrose *Poitiers*, puis de la CREUSE ; — 6° la SÈVRE NANTAISE se jette dans la Loire en face de *Nantes*.

11. Bassins secondaires ou fleuves côtiers. — 1° L'AULNE se rend dans la rade de *Brest* ; — 2° le BLAVET forme, devant *Lorient*, un large estuaire ; — 3° la VILAINE passe à *Rennes*.

12. Le bassin de la Loire est délimité, au sud et à l'est, par le *massif Central*, c'est-à-dire par les *monts du Limousin*, les *monts d'Auvergne* et les *Cévennes septentrionales* ; — au nord est, par le *massif du Morvan* et les *collines du Nivernais* ; — au nord-ouest, par les *collines du Perche*.

Partout ailleurs la direction des eaux courantes plus que l'altitude — presque nulle entre Orléans et Paris — détermine les limites de ce grand bassin.

On a coutume de faire figurer la Bretagne dans le bassin de la Loire, bien que cette région mérite une hydrographie à part.

DEVOIRS. — **8.** Dites les particularités du cours de la Loire, les villes qu'elle arrose. Quels sont les départements traversés ? Quelles villes, sur la Seine, ont la même situation que Nantes et Saint-Nazaire sur la Loire ? — **9.** Sur quelles rivières sont bâties les villes d'Angers ? Laval ? Alençon ? Le Mans ? — **10.** Pourquoi peut-on appeler l'Allier, frère jumeau de la Loire ? Sur quelles rivières sont : Moulins ? Châteauroux ? Limoges ? Quelle différence y a-t-il entre : la Loire, le Loiret, le Loir ? Quelle plaine trouve-t-on au nord du Cher ? — **11.** Où se jette l'Aulne ? Quel port trouve-t-on auprès de l'estuaire du Blavet ? De quelle ancienne province Rennes était-il la capitale ? — **12.** Comment est délimité le bassin de la Loire. Que savez-vous de la Bretagne au point de vue hydrographique ?

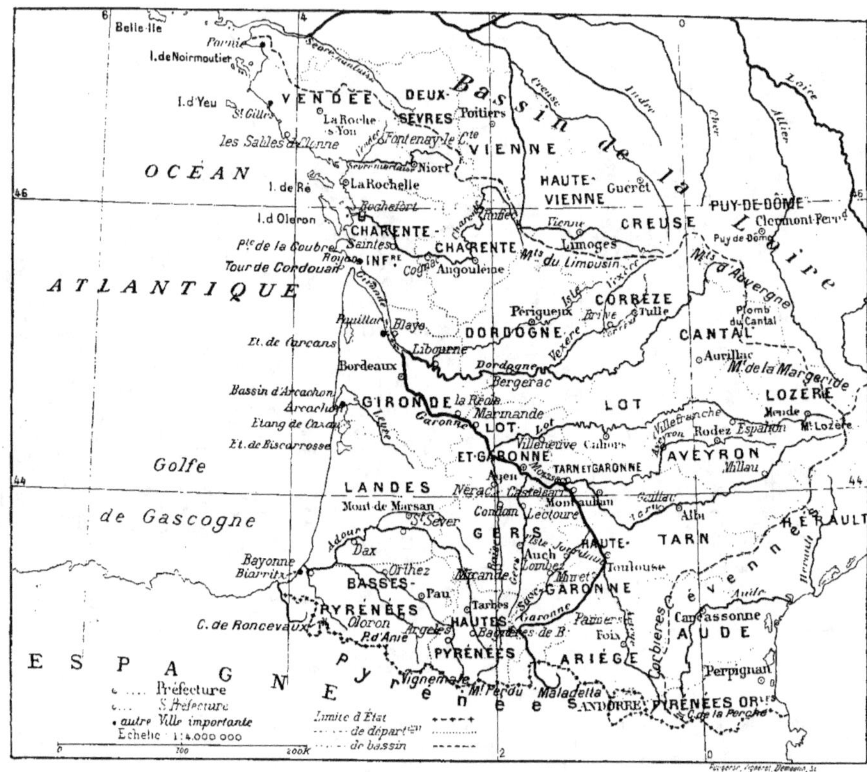

BASSIN DE LA GARONNE. — (*Exercice cartographique.*)

13. Bassin de la Garonne. — La GARONNE descend des Pyrénées, prend le nom de GIRONDE après sa réunion avec la DORDOGNE, et se rend dans le golfe de Gascogne.

Comme la Loire, la Garonne est sujette à des inondations subites et désastreuses.

Les villes principales baignées par ce fleuve sont : *Toulouse*, très ancienne cité ; *Agen* et sa riante vallée ; *Bordeaux*, aux vins célèbres.

Née en Espagne, la Garonne traverse les départements de la *Haute-Garonne*, du *Tarn-et-Garonne*, du *Lot-et-Garonne* et de la *Gironde*.

14. Affluents de la Garonne. — Sur la rive droite, la Garonne reçoit quatre affluents principaux : 1° l'ARIÈGE naît dans les Pyrénées et passe à *Foix* ; — 2° le TARN prend sa source dans les Cévennes, arrose *Albi*, *Montauban*, et reçoit l'AVEYRON, rivière de *Rodez* ; — 3° le LOT, venu également des Cévennes, passe à *Mende* et *Cahors*. Ces rivières, sorties du Massif central, traversent la région désolée des Causses et coulent dans des gorges profondes ;

— 4° la DORDOGNE descend des monts d'Auvergne se grossit de la VÉZÈRE, qui reçoit la CORRÈZE ; puis de l'ISLE, rivière de *Périgueux*. Elle se joint à la Garonne au « bec d'Ambez ».

15. Sur la rive gauche, la Garonne reçoit trois affluents : la SAVE, le GERS et la BAÏSE, qui prennent leur source dans les collines de l'Armagnac. Le Gers passe à *Auch*.

16. Bassins secondaires ou fleuves côtiers. — 1° La SÈVRE NIORTAISE passe à *Niort* et reçoit la VENDÉE ; — 2° La CHARENTE arrose *Angoulême* et *Rochefort* ; — 3° la LEYRE se jette dans le bassin d'Arcachon ; — 4° l'ADOUR vient des Pyrénées, arrose *Tarbes* et se grossit : à droite, de la MIDOUZE, rivière de *Mont-de-Marsan* ; à gauche, du GAVE DE PAU qui passe à *Pau*.

17. Le bassin de la Garonne est nettement délimité, sauf au nord-ouest où de simples ondulations de terrain le séparent du bassin de la Loire. Au sud, les *Pyrénées occidentales* et *centrales* ; à l'est, les *Corbières* et les *Cévennes méridionales* ; au nord-est, les *monts d'Auvergne* et *du Limousin*, c'est-à-dire le versant méridional du *massif Central*.

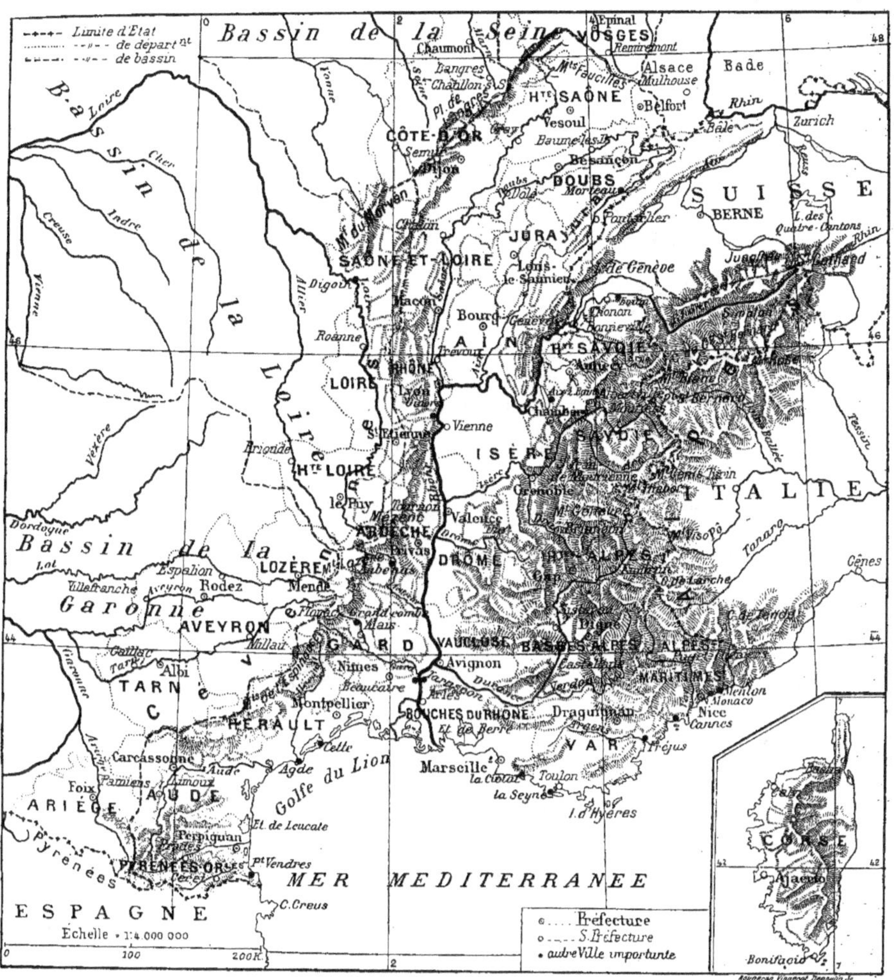

BASSIN DU RHÔNE. — (*Exercice cartographique.*)

18. Bassin du Rhône. — Le RHÔNE prend sa source dans les Alpes suisses, au massif du Saint-Gothard. Il traverse le lac de Genève et va se jeter dans la Méditerranée par plusieurs embouchures formant un « delta ».

C'est le fleuve de France qui roule le plus d'eau. Malheureusement il est peu navigable à cause de ses bancs de sable et de son courant rapide.

Les villes principales que baigne le Rhône sont : *Genève* (en Suisse); *Lyon*, seconde ville de France; *Valence, Avignon* et son vieux palais des papes; *Arles*, où il se sépare en deux branches pour envelopper l'île de la Camargue.

Sorti de Suisse, le Rhône sépare le département de l'*Ain* de la *Haute-Savoie*. de la *Savoie* et de l'*Isère*. Il sépare encore l'Isère du *Rhône* et de la *Loire*; puis il sert de limites à la *Drôme* et à l'*Ardèche*, au *Vaucluse*,

DEVOIRS. — 18. Parlez du cours du Rhône. Citez les villes principales et les départements que ce fleuve arrose. Dites un mot sur chacune des villes arrosées par le fleuve. Comment se nomme l'île que forme le Rhône à son embouchure? Comment appelle-t-on cette forme d'embouchure? Citez d'autres fleuves se terminant en delta.

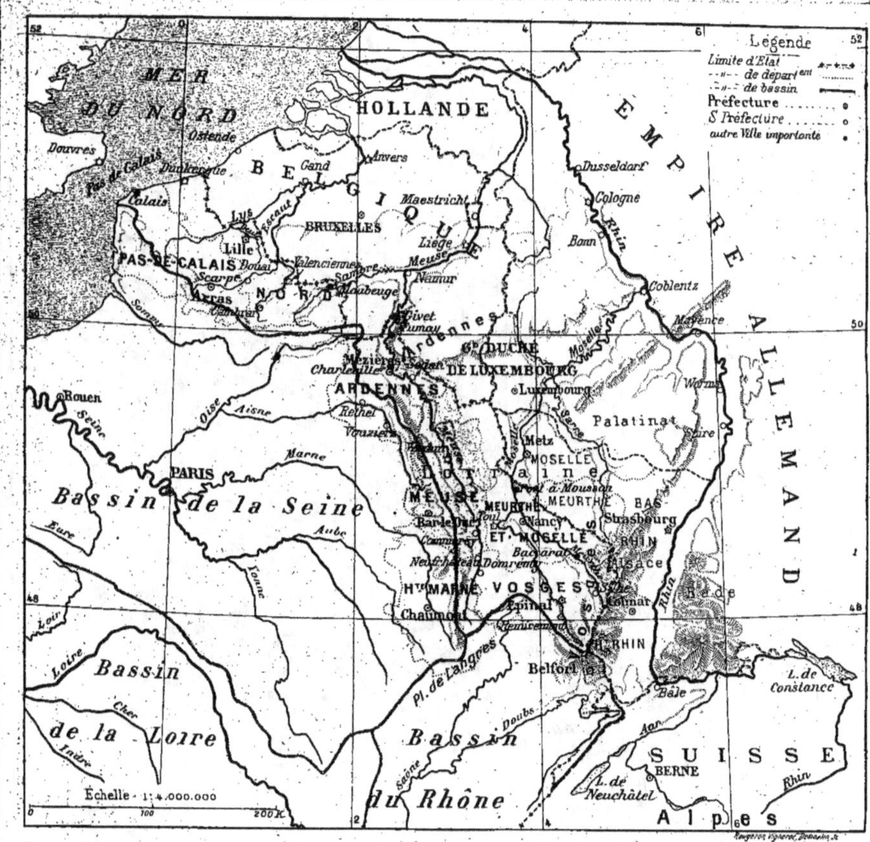

BASSIN DU RHIN. — *(Exercice cartographique.)*

aux *Bouches-du-Rhône* et au *Gard*. A partir d'Arles, le grand Rhône coule dans les Bouches-du-Rhône, tandis que le petit Rhône sépare ce département de la plaine de Nîmes.

19. Affluents du Rhône. — Sur sa rive droite, le Rhône reçoit quatre affluents principaux : 1° l'Ain descend du Jura; — 2° la Saône prend sa source dans les monts Faucilles, se grossit du Doubs rivière de *Besançon*, et passe à *Mâcon*; — 3° l'Ardèche vient des Cévennes; — 4° le Gard naît également dans les Cévennes.

20. Sur la rive gauche, le Rhône reçoit cinq affluents principaux : l'Arve sort du massif du Mont-Blanc; — 2° le Fier descend des Alpes de Savoie; — 3° l'Isère prend sa source dans les grandes Alpes et arrose *Grenoble*; — 4° la Drôme naît dans les Alpes du Dauphiné; — 5° la Durance, grand torrent descendu des Alpes Cottiennes, est grossie du Verdon.

21. Bassins secondaires ou fleuves côtiers — 1° La Têt, sort des Pyrénées et arrose *Perpignan*; — 2° l'Aude prend sa source dans les mêmes montagnes, passe à *Carcassonne*, et se jette dans le golfe du Lion; — 3° l'Hérault naît dans les Cévennes; — 3° l'Argens vient des Alpes de Provence; — 5° le Var n'arrose plus le département qui porte son nom.

22. Le bassin du Rhône est le mieux délimité des bassins français. Presque partout il a de hautes montagnes pour cadre : à l'est, les *Alpes occidentales* et les *Alpes centrales* jusqu'au Saint-Gothard; — au nord, les *Alpes bernoises* jusqu'au lac de Genève, le *Jura*, le pied des *Vosges*, les *monts Faucilles*, le *plateau de Langres* et la *Côte-d'Or*; — puis les *Cévennes* dans

DEVOIRS. — 19. Quels sont ses affluents sur la rive droite? Où naît l'Ain? Quelle rivière passe à Mâcon; à Besançon? D'où descendent l'Ardèche et le Gard? — 20. Quels sont les affluents du Rhône sur la rive gauche? Comment se nomme la vallée dans laquelle s'élève Grenoble? — 21. Quels sont les petits fleuves côtiers qui se déversent dans le golfe du Lion? Quels sont ceux qui se jettent dans la mer à l'est du Rhône? Quelle particularité présente le Var? — 22. Comment le bassin du Rhône est-il délimité?

toute leur longueur, au nord-ouest et à l'ouest; — enfin, les *Corbières*, rameau pyrénéen, et les *Pyrénées orientales*, au sud ouest.

23. Bassin du Rhin. — Depuis la perte de l'Alsace, la France ne confine plus au Rhin qui limitait à l'est les départements du *Haut-Rhin* et du *Bas-Rhin*. Mais nous avons conservé le cours supérieur de la Moselle, affluent de rive gauche du grand fleuve.

La Moselle vient des Vosges, passe à *Épinal*, célèbres imageries; à *Toul*, ville forte; à *Metz*, grande forteresse tombée aux mains des Allemands. Elle se grossit de la Meurthe, rivière de *Nancy*.

Après avoir traversé le département des *Vosges*, la Moselle arrosait jadis les départements de la *Meurthe* et de la *Moselle*, aujourd'hui mutilés (Meurthe-et-Moselle).

24. Bassin de la Meuse. — La Meuse a sa source au plateau de Langres. Elle arrose l'e.*dun, Se*lan, *Mézières*, traverse la Belgique où elle reçoit la Sambre, venue de France, et se jette dans la mer du Nord en territoire hollandais. Ses embouchures sont si voisines de celles du Rhin que leurs eaux se confondent.

Départements traversés : *Haute-Marne, Vosges, Meuse, Ardennes.*

25. Bassin de l'Escaut. — L'Escaut naît dans la plaine de Flandre (département du Nord). Il passe ensuite de France en Belgique, puis en Hollande pour se rendre dans la mer du Nord.

L'Escaut est grossi de la Scarpe, rivière d'*Arras*, et de la Lys, dont un petit affluent, la Deule, passe à *Lille*.

La fertilité d'un pays dépend du climat presque autant que de la terre. La France doit à sa situation, à la fois maritime et continentale, un climat très varié, mais surtout maritime.

On distingue ordinairement sept climats :

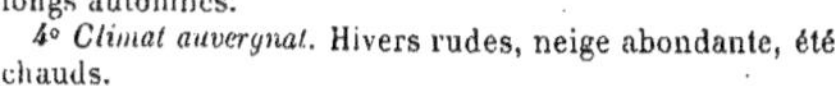

1° *Climat parisien ou séquanien.* Hivers assez froids, étés tièdes, atmosphère généralement fraîche.

2° *Climat breton ou armoricain.* Hivers très doux, étés tempérés; pluies fréquentes.

3° *Climat girondin.* Hivers doux, étés chauds, longs automnes.

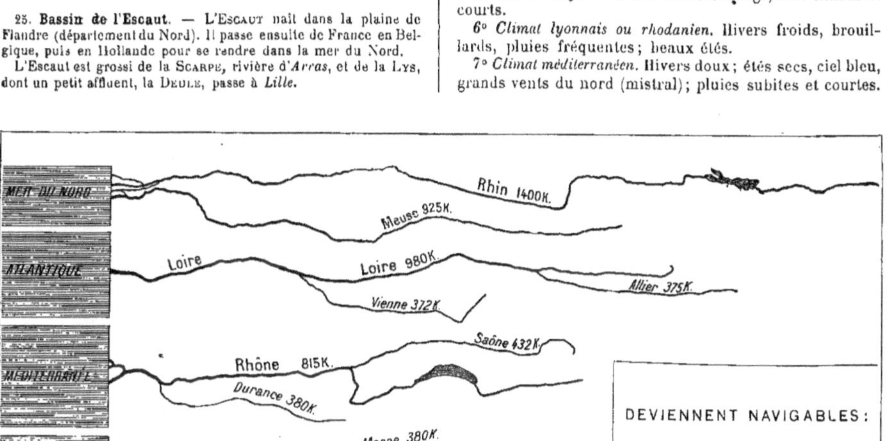

Climats. — (*Ex. cartographique*).

4° *Climat auvergnat.* Hivers rudes, neige abondante, étés chauds.

5° *Climat vosgien.* Hivers froids et longs, étés chauds et courts.

6° *Climat lyonnais ou rhodanien.* Hivers froids, brouillards, pluies fréquentes; beaux étés.

7° *Climat méditerranéen.* Hivers doux; étés secs, ciel bleu, grands vents du nord (mistral); pluies subites et courtes.

TABLEAU DES FLEUVES DE FRANCE ET DE LEURS PRINCIPAUX AFFLUENTS.

Pour la commodité de ce tableau, on a redressé le cours des fleuves; mais on en a respecté les sinuosités.

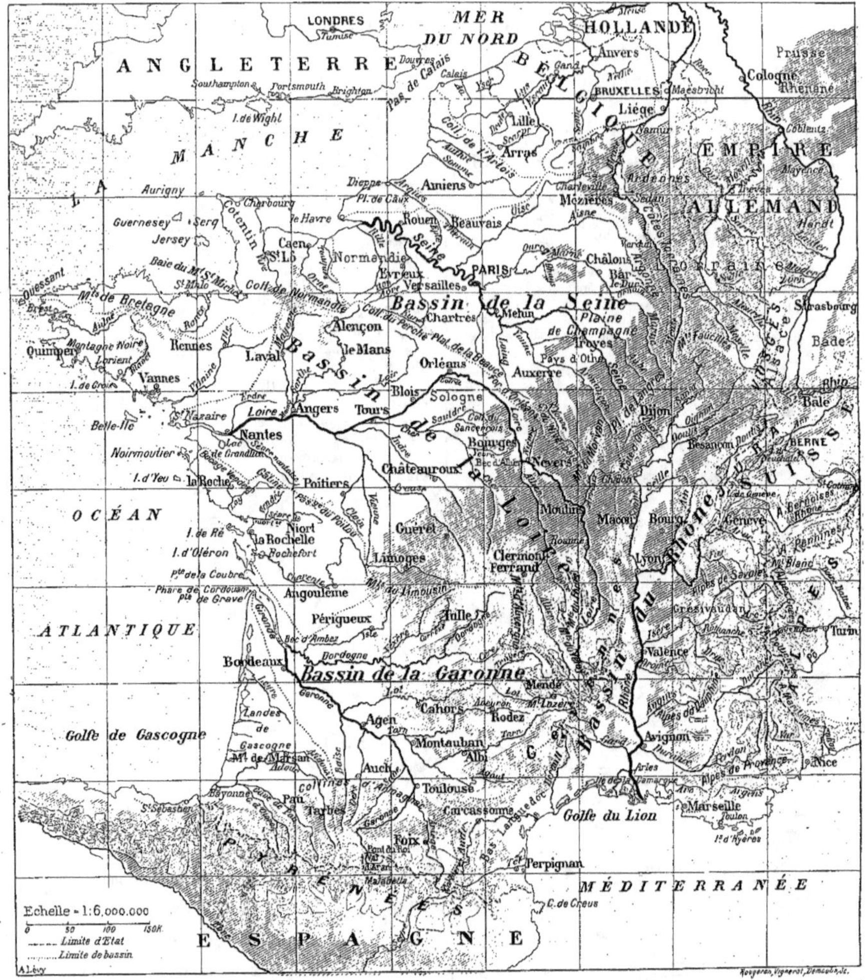

FRANCE. — Cours d'eau.

EXERCICES CARTOGRAPHIQUES. — 1. Tracez la ceinture du bassin de la Seine avec les montagnes et les collines qui la forment. Indiquez le cours de la Seine, celui de ses affluents et marquez les villes arrosées par ces cours d'eau. — 2. Tracez le cours du Rhône et de ses affluents. — 3. Dessinez le bassin de la Garonne, le cours du fleuve et indiquez les villes arrosées par la Garonne. — 4. Tracez le cours du Rhin avec ses affluents de gauche. Indiquez la ligne frontière entre l'Allemagne et la France. — 5. Tracez le bassin de la Loire avec le fleuve et ses affluents. — 6. Tracez le contour général de la France (voir *carte muette*, p. 53). — 7. Tracez la ligne de partage des eaux qui divise la France en deux grands versants, des Corbières aux collines de l'Argonne. — 8. Faites une carte de France dans laquelle vous indiquerez le cours des cinq grands fleuves avec leurs affluents et les principales villes arrosées par ces fleuves. — 9. Tracez une carte de France en y indiquant les cours d'eau qui forment les bassins secondaires. — 10. Tracez le littoral de l'océan Atlantique et de la Manche en plaçant les îles voisines de la côte.

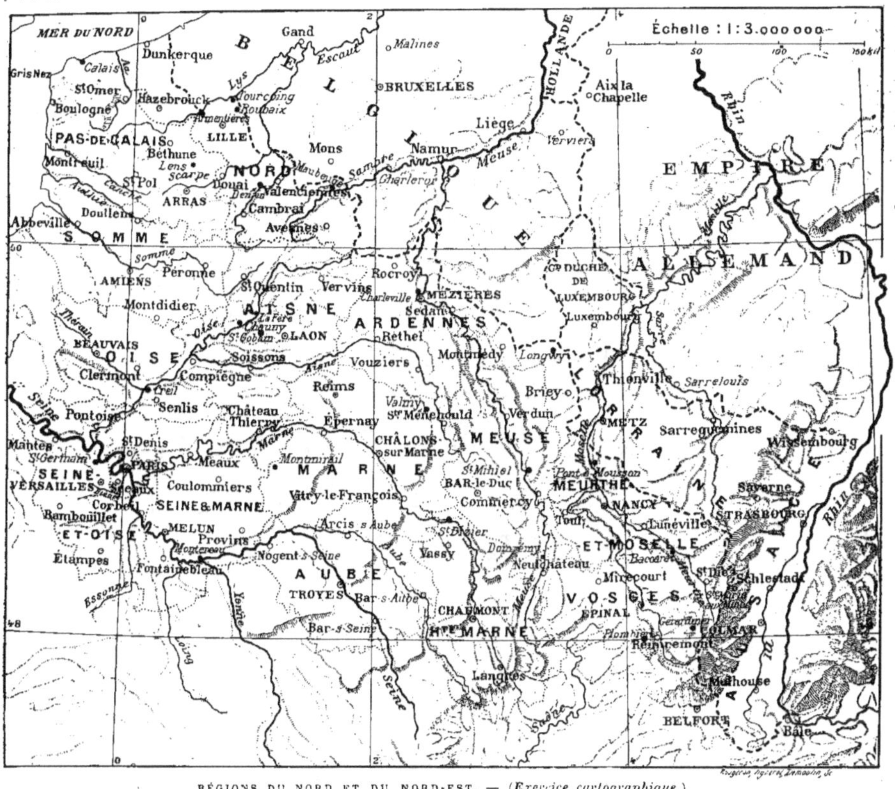

RÉGIONS DU NORD ET DU NORD-EST. — (*Exercice cartographique.*)

FRANCE POLITIQUE

DÉPARTEMENTS

La France compte 86 départements, plus le territoire de Belfort. Les départements empruntent leur nom aux cours d'eau (Seine, Indre-et-Loire), aux montagnes (Vosges, Jura), à leur situation géographique (Nord, Finistère), à la nature du sol (Landes).

On peut répartir les départements en dix régions.

I. RÉGION DU NORD

C'est la région la plus riche et la plus peuplée de toute la France. — Culture du blé et de la betterave. Belles forêts. Grand bassin houiller.

Anc. Provinces et Départements.	Chefs-lieux et Villes importantes.
Flandre (réunie sous Louis XIV, en 1668). cap. **Lille**.	
1. NORD	*Lille*, Dunkerque, Hazebrouck, Douai, Valenciennes, Cambrai, Avesnes.

Lille (216.000 hab.), grande place de guerre; filatures de coton et de lin; fabriques de toile, d'huile de colza, de sucre de betterave; *Roubaix* (125.000 hab.) et *Tourcoing* (73.300 hab.), fabriques d'étoffes, forges, fonderies; *Dunkerque*, grand port de commerce; *Maubeuge*, fabriques de quincaillerie et d'outils; *Valenciennes*, sur l'Escaut, centre d'un grand bassin houiller; *Denain*, *Armentières*.

Artois (réuni sous Louis XIV, en 1659). cap. **Arras**.	
1. PAS-DE-CALAIS	*Arras*, Saint-Omer, Boulogne, Béthune, Montreuil, Saint-Pol.

Boulogne; *Calais* (57.000 hab.), ports importants en relation avec l'Angleterre; *Lens*, victoire de Condé qui amena la paix de Westphalie (1648).

Picardie (réunie sous Louis XI, en 1477). cap. **Amiens**.	
1. SOMME	*Amiens*, Doullens, Abbeville, Péronne, Montdidier.

Amiens (90.000 hab.), tissages de laine et fabriques de velours, belle cathédrale; *Péronne*, place forte.

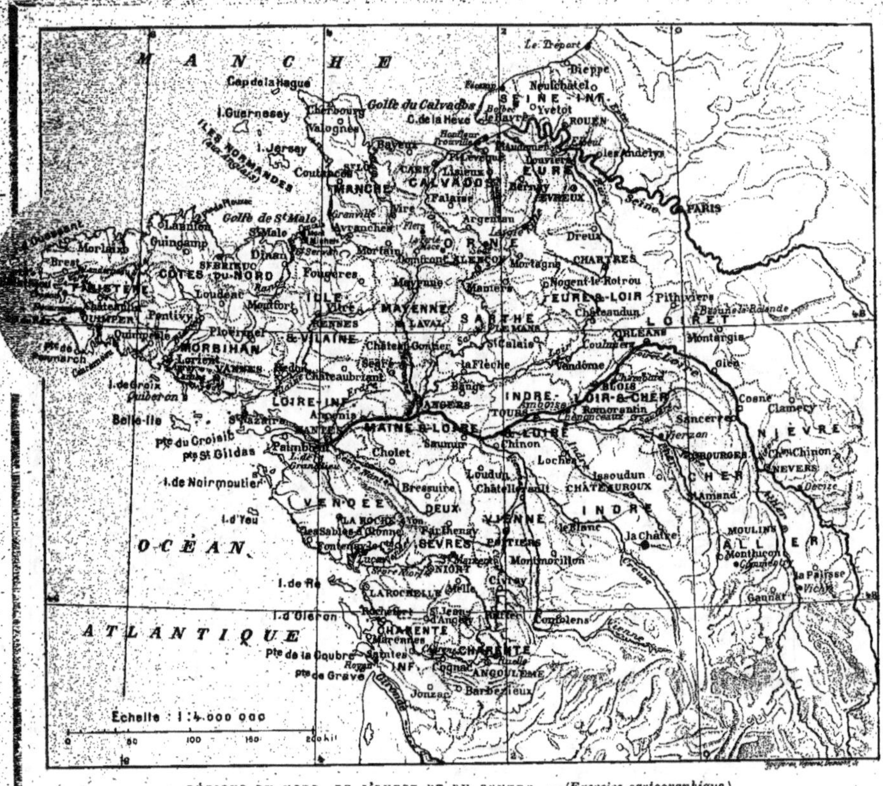

RÉGIONS DU NORD, DE L'OUEST ET DU CENTRE. — (*Exercice cartographique.*)

Anc. Provinces et Départements.	Chefs-lieux et Villes importantes.
Ile-de-France (domaine de Hugues Capet, en 987), cap. **Paris**.	
1. SEINE...............	*Paris*, Saint-Denis, Sceaux.
	Paris (2.537.000 hab.), notre belle capitale ; après Londres, la ville la plus peuplée du globe ; *Saint-Denis*, abbaye célèbre.
2. SEINE-ET-OISE......	*Versailles*, Pontoise, Mantes, Rambouillet, Corbeil, Étampes.
	Versailles (54.800 hab.), château et parc grandioses ; *Saint-Germain-en-Laye*, château et belle terrasse, forêt ; *Rambouillet*, bergerie-renommée, forêt.
3. OISE...............	*Beauvais*, Compiègne, Clermont, Senlis.
	Beauvais, tapisseries ; *Compiègne*, château et forêt ; *Creil*, faïences, verreries ; *Chantilly* et *Pierrefonds*, châteaux historiques.
4. AISNE..............	*Laon*, Vervins, Saint-Quentin, Soissons, Château-Thierry.
	Laon, place forte ; *Saint-Quentin*, fabriques de mousselines ; *Chauny* et *Saint-Gobain*, manufacture de glaces ; *La Fère*, place forte, école d'artillerie.
5. SEINE-ET-MARNE.....	*Melun*, Meaux, Coulommiers, Provins, Fontainebleau.
	Melun, commerce de grains ; *Fontainebleau*, château et forêt célèbres ; *Montereau*, au confluent de l'Yonne et de la Seine.

II. RÉGION DU NORD-EST

Forêts des Vosges, de l'Argonne et des Ardennes. — Vins de Champagne. Bières d'Alsace. Salines de Dieuze. Minerais de fer de Meurthe-et-Moselle. Cristallerie de Baccarat. Tissages de laine de Reims. Draps de Sedan. Cotonnades de Mulhouse.

Anc. Provinces et Départements.	Chefs-lieux et Villes importantes.
Champagne (réunie sous Philippe le Bel, en 1286), cap. **Troyes**.	
1. ARDENNES...........	*Mézières*, Rocroi, Sedan, Réthel, Vouziers.
	Mézières, v. forte ; *Rocroi*, victoire de Condé en 1643 ; *Sedan*, sur la Meuse, funestes souvenirs de 1870 ; *Charleville*, ardoisières.
2. MARNE..............	*Châlons-sur-Marne*, Reims, Ste-Menehould, Épernay, Vitry-le-François.
	Reims (108.000 hab.), tissages de laine, magnifique cathédrale.

Anc. Provinces et Départements.	Chefs-lieux et Villes importantes.
3. AUBE	*Troyes*, Arcis-sur-Aube, Nogent-sur-Seine, Bar-sur-Aube, Bar-sur-Seine. *Troyes* (53.000 hab.), bonneteries, églises anciennes remarquables.
4. HAUTE-MARNE	*Chaumont*, Langres, Vassy. *Langres*, place forte, coutellerie célèbre; *Vassy*, fonderies.

Lorraine (réunie sous Louis XV, en 1766), cap. **Nancy**.

1. MEUSE	*Bar-le-Duc*, Montmédy, Verdun, Commercy. *Verdun*, sur la Meuse, camp retranché.
2. MEURTHE-ET-MOSELLE.	*Nancy*, Briey, Toul, Lunéville. *Nancy* (96.300 hab.), sur la Meurthe, très jolie ville, souvenirs des ducs de Lorraine et du roi Stanislas : *Toul*, camp retranché; *Baccarat*, cristalleries; *Longwy*, place forte.
3. VOSGES	*Épinal*, Saint-Dié, Neufchâteau, Mirecourt, Remiremont. *Épinal*, place forte. imageries; *Plombières*, eaux minérales et thermales.

Territoire de Belfort, chef-lieu **Belfort**.

Belfort, place forte, célèbre par sa belle résistance en 1870, commande la trouée des Vosges.

> Avant 1870, la **Lorraine** formait quatre départements : la Meuse, ch.-l. *Bar-le-Duc*; la Moselle, ch.-l. *Metz*; la Meurthe, ch.-l. *Nancy*; les Vosges, ch.-l. *Épinal*. Les lambeaux qui nous sont restés de la Meurthe et de la Moselle ont formé le département de Meurthe-et-Moselle. L'**Alsace** formait deux départements : le Bas-Rhin, ch.-l. *Strasbourg*; le Haut-Rhin, ch.-l. *Colmar*, ville principale Mulhouse. Nous n'avons plus de cette province que l'arrondissement de Belfort.

III. RÉGION DU NORD-OUEST

C'est la région maritime par excellence; elle a fourni à notre pays ses meilleurs marins. — Chevaux du Perche. Cidre de Normandie. Draps d'Elbeuf. Lin de Bretagne. Ardoisières d'Angers. Cultures maraîchères.

Anc. Provinces et Départements.	Chefs-lieux et Villes importantes.

Normandie (réunie sous Philippe-Auguste, en 1204), cap. **Rouen**.

1. SEINE-INFÉRIEURE	*Rouen*, Dieppe, Neufchâtel, Yvetot, Le Havre. *Rouen* (113.200 hab.), sur la Seine, curieux monuments, belle cathédrale, filatures et tissages de coton, patrie de Corneille. *Le Havre* (119.500 hab.). grand port de commerce en relations avec l'Angleterre et l'Amérique du Nord. articles d'échange : blé, coton. sucre; *Dieppe*, port sur la Manche; *Elbeuf*, grandes manufactures de drap; *Fécamp*, important port de pêche; *Le Tréport*, station balnéaire.
2. EURE	*Évreux*, Pont-Audemer, Les Andelys. Louviers, Bernay. *Louviers*, fabriques de drap.
3. ORNE	*Alençon*, Argentan, Domfront, Mortagne. *Alençon*, fabriques de toiles et de dentelles; *Laigle*, centre de fabrication d'aiguilles et d'épingles.
4. CALVADOS	*Caen*, Bayeux, Pont-l'Évêque, Lisieux, Falaise, Vire. *Caen* (45.500 hab.), port sur l'Orne; *Lisieux*, tissus de laine et de coton; *Honfleur* et *Trouville*, stations balnéaires.
5. MANCHE	*Saint-Lô*, Cherbourg, Valognes, Coutances, Avranches, Mortain. *Cherbourg* (40.000 hab.), grand port militaire, protégé par une digue de 4 kilomètres; *Granville*, port de pêche.

Anc. Provinces et Départements.	Chefs-lieux et Villes importantes.

Bretagne (réunie sous François Ier, en 1532), cap. **Rennes**.

1. ILLE-ET-VILAINE	*Rennes*, Saint-Malo, Fougères, Vitré, Montfort, Redon. *Rennes* (70.000 hab.), au confluent de l'Ille et de la Vilaine, beurre renommé; *Saint-Malo* et *Saint-Servan*, armement de bateaux morutiers; *Cancale*, huîtres; *Mont-Saint-Michel*, célèbre abbaye.
2. CÔTES-DU-NORD	*Saint-Brieuc*, Lannion, Guingamp, Dinan, Loudéac. *Saint-Brieuc*, armements pour la pêche de la morue; comm. de produits agricoles.
3. FINISTÈRE	*Quimper*, Morlaix, Brest, Châteaulin, Quimperlé. *Brest* (75.000 hab.), grand port militaire, rade superbe; *Quimperlé*, primeurs.
4. MORBIHAN	*Vannes*, Pontivy, Ploermel, Lorient. *Lorient*, l'un de nos cinq ports militaires, constructions navales; *Auray*, produits agricoles; *Carnac*, monuments celtiques; *Quiberon*, petite ville maritime.
5. LOIRE-INFÉRIEURE	*Nantes*, Châteaubriant, Ancenis, Saint-Nazaire, Paimbœuf. *Nantes* (124.000 h.). raffineries de sucre, fabriques de conserves. Les transatlantiques s'arrêtent à *Saint-Nazaire*.

Maine (réuni sous Louis XI, en 1481), cap. **Le Mans**.

1. SARTHE	*Le Mans*, Mamers, Saint-Calais, La Flèche. *Le Mans* (60.000 hab.), toiles, produits agricoles; *La Flèche*, école militaire.
2. MAYENNE	*Laval*, Mayenne, Château-Gontier. *Laval* et *Mayenne*, fabriques de toiles.

Anjou (réuni sous Louis XI, en 1480), cap. **Angers**.

3. MAINE-ET-LOIRE	*Angers*, Segré, Baugé, Saumur, Cholet. *Angers* (77.000 hab.), cathédrale, fabriques de toiles, commerce d'ardoises.

IV. RÉGION DE L'OUEST

Région accidentée et essentiellement agricole. — Eaux-de-vie de Cognac. Mulets du Poitou. Papeteries d'Angoulême. Huîtres de Marennes. Manufacture d'armes de Châtellerault.

Anc. Provinces et Départements.	Chefs-lieux et Villes importantes.

Poitou (réuni sous Charles V, en 1369), cap. **Poitiers**.

1. VIENNE	*Poitiers*, Loudun, Châtellerault, Montmorillon, Civray. *Poitiers* (38.500 hab.), sur le Clain, belles églises; *Châtellerault*, manufacture d'armes et coutellerie.
2. DEUX-SÈVRES	*Niort*, Bressuire, Parthenay, Melle. *Niort*, sur la Sèvre Niortaise, fabrique de gants, commerce de blé; *Saint-Maixent*, école de sous-officiers, mulets et chevaux.
3. VENDÉE	*La Roche-sur-Yon*, Les Sables-d'Olonne, Fontenay-le-Comte. *Les Sables d'Olonne*, belle plage.

Aunis et Saintonge (réunis sous Charles V, en 1371 et 1372), cap. La Rochelle et **Saintes**.

1. CHARENTE-INFÉRIEURE.	*La Rochelle*, Rochefort, St-Jean-d'Angély, Marennes, Saintes, Jonzac. *La Rochelle*, ville ancienne, port de commerce; *Rochefort* (34.000 hab.), port militaire à 15 kilomètres de la mer; *Royan*, station balnéaire recherchée; *Saintes*, commerce d'eaux-de-vie.

Angoumois (réuni sous François Ier, en 1515), cap. **Angoulême**.

1. CHARENTE	*Angoulême*, Ruffec, Confolens, Cognac, Barbezieux. *Angoulême*, sur la Charente, grandes fabriques de papier; *Cognac*, eaux-de-vie.

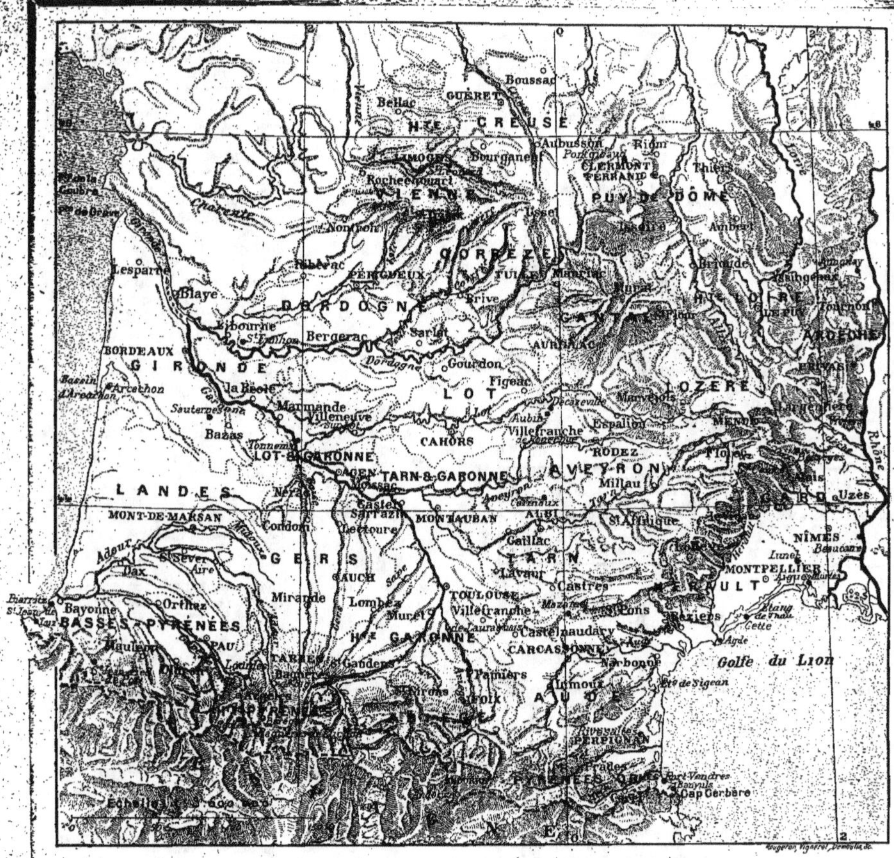

RÉGION DU SUD-OUEST, DU MASSIF CENTRAL ET DU SUD. — *(Exercice cartographique.)*

V. RÉGION DU CENTRE

Pays de plaines, couvertes de prés, de bois; vallées fertiles et bien cultivées. — Blé de Beauce. Vinaigre d'Orléans. Moutons du Berry. Faïences de Gien.

Anc. Provinces et Départements.	Chefs-lieux et Villes importantes.

Orléanais (réuni sous Louis XII, en 1498), cap. **Orléans.**

1. LOIRET . . . . *Orléans,* Pithiviers, Montargis, Gien.

Orléans (66.700 hab.), sur la Loire, ville commerçante, célèbre siège en 1429; *Coulmiers et Beaune-la-Rolande,* batailles en 1870; *Gien,* faïences; *Pithiviers,* pâtés d'alouettes.

2. LOIR-ET-CHER . . . . *Blois,* Vendôme, Romorantin.

Blois, château célèbre; *Chambord,* magnifique château Renaissance.

3. EURE-ET-LOIR . . . . *Chartres,* Dreux, Nogent-le-Rotrou, Châteaudun.

Chartres, cathédrale, marchés de grains; *Châteaudun,* belle résistance en 1871.

Touraine (réunie sous Philippe-Auguste, en 1204), cap. **Tours.**

1. INDRE-ET-LOIRE . . . . . *Tours,* Chinon, Loches.

Tours (63.000 hab.), au milieu du « Jardin de la France »: châteaux dans les environs: *Chinon, Loches, Amboise, Chenonceaux.*

Berry (réuni sous Philippe Ier, en 1100), cap. **Bourges.**

1. CHER . . . . *Bourges,* Sancerre, Saint-Amand.

Bourges (44.000 hab.), belle cathédrale, fonderie de canons; *Vierzon,* forges et poteries.

Anc. Provinces et Départements.	Chefs-lieux et Villes importantes.
2. INDRE............ ...	*Châteauroux*, Issoudun, Le Blanc, La Châtre. *Issoudun, Le Blanc*, gros draps, commerce de laine.

Bourbonnais (réuni sous François 1er, en 1523), cap. **Moulins.**

1. ALLIER.............	*Moulins,* Montluçon, Lapalisse, Gannat. *Moulins,* marché agricole; *Montluçon,* forges, fabriques de glaces et de produits chimiques; *Commentry,* forges et fonderies; *Vichy,* eaux minérales renommées.

Nivernais (réuni sous la Révolution, en 1789), cap. **Nevers.**

1. NIÈVRE.............	*Nevers*, Clamecy, Cosne, Château-Chinon *Nevers,* au confluent de la Nièvre et de la Loire, ville industrielle et commerçante; *Decize,* houille, pierre de taille, bois, charbon, forges, verreries; *Château-Chinon* et *Clamecy,* bois du Morvan.

VI. RÉGION DU SUD-OUEST

Cette région s'étend du Massif central aux Pyrénées et à l'Océan. — La grande plaine des Landes est couverte de forêts de pins; la vallée de la Garonne est très fertile; Vins de Bordeaux. Chevaux des Pyrénées.

Anc. Provinces et Départements.	Chefs-lieux et Villes importantes.

Guyenne (réunie sous Charles VII, en 1453), cap. **Bordeaux.**

1. GIRONDE.............	*Bordeaux*, Lesparre, Blaye, Libourne, La Réole, Bazas. *Bordeaux* (256.900 hab.), très belle ville, port sur la Garonne, exporte ses vins renommés dans le monde entier; *Libourne,* port sur la Dordogne, commerce de vins; *Pauillac,* appontement pour les bateaux transatlantiques.
2. DORDOGNE............	*Périgueux*, Nontron, Ribérac, Sarlat, Bergerac. *Périgueux,* sur l'Isle, commerce de truffes.
3. LOT-ET-GARONNE.....	*Agen*, Marmande, Villeneuve-sur-Lot, Nérac. *Agen,* sur la Garonne, commerce de pruneaux; *Tonneins,* manufacture de tabac.
4. LOT.................	*Cahors*, Gourdon, Figeac. *Cahors,* patrie de Gambetta.
5. TARN-ET-GARONNE....	*Montauban*, Moissac, Castel-Sarrazin. *Montauban,* sur le Tarn, commerce de raisins de table; *Moissac,* commerce de farines et de grains.
6. AVEYRON............	*Rodez*, Espalion, Villefranche-de-Rouergue, Millau, Saint-Affrique. *Millau,* tanneries et ganteries; *Villefranche, Aubin* et *Decazeville,* bassin houiller, grandes usines.

Gascogne (réunie, partie sous Charles VII, en 1453, partie sous Henri IV, en 1589), cap. **Auch.**

1. LANDES.............	*Mont-de-Marsan*, Saint-Sever, Dax. *Dax,* matières résineuses, eaux thermales.
2. GERS................	*Auch*, Condom, Lectoure, Mirande, Lombez. *Condom,* eau-de-vie d'Armagnac.
3. HAUTES-PYRÉNÉES....	*Tarbes*, Bagnères-de-Bigorre, Argelès. *Tarbes,* commerce de chevaux.

Béarn (réuni sous Henri IV, en 1589, cap. **Pau.**

1. BASSES-PYRÉNÉES ...	*Pau*, Bayonne, Orthez, Mauléon, Oloron. *Pau,* ville d'hiver, a vu naître Henri IV dans son vieux château; *Bayonne,* place forte sur l'Adour; aux environs, *Biarritz,* célèbre station balnéaire.

VII. RÉGION DU MASSIF CENTRAL

Région pittoresque, mais en général peu fertile. — Pâturages; châtaigneraies. Porcelaine de Limoges. Tapis d'Aubusson. Manufacture d'armes de Tulle.

Anc. Provinces et Départements.	Chefs-lieux et Villes importantes.

Auvergne (réunie sous Louis XIII, en 1610), cap. **Clermont-Ferrand.**

1. PUY-DE-DÔME........	*Clermont-Ferrand*, Riom, Thiers, Ambert, Issoire. *Clermont-Ferrand* (51.000 hab.), ancienne ville, s'élève dans la fertile Limagne, au pied du Puy de Dôme; *Thiers,* coutellerie; *Pontgibaud,* exploitation de plomb.
2. CANTAL...............	*Aurillac*, Mauriac, Murat, Saint-Flour. *Aurillac,* bœufs et dentelles; *Salers,* élevage d'une belle race bovine.

Marche (réunie sous François 1er, en 1522), cap. **Guéret.**

1. CREUSE.............	*Guéret*, Boussac, Aubusson, Bourganeuf. *Aubusson,* fabriques de tapis.

Limousin (réuni sous Henri IV, en 1589), cap. **Limoges.**

1. HAUTE-VIENNE.......	*Limoges*, Bellac, Rochechouart, Saint-Yrieix. *Limoges* (78.000 hab.), sur la Vienne, importantes fabriques de porcelaine; *Saint-Yrieix,* exploitation de kaolin; *Saint-Léonard,* papeteries, porcelaines.
2. CORRÈZE.............	*Tulle*, Ussel, Brive. *Tulle,* manufacture d'armes.

VIII. RÉGION DU SUD

Région montagneuse, chaude et fertile. — Mûriers de la vallée du Rhône. Vignobles du Roussillon et du bas Languedoc. Bassin houiller du Gard (Bessèges et la Grand'Combe).

Anc. Provinces et Départements.	Chefs-lieux et Villes importantes.

Languedoc (réuni sous Philippe III, en 1271), cap. **Toulouse.**

1. HAUTE-GARONNE......	*Toulouse*, Muret, Villefranche-de-Lauraguais, Saint-Gaudens. *Toulouse* (150.000 hab.), sur la Garonne et sur le canal des deux mers; *Bagnères-de-Luchon,* eaux minérales.
2. TARN	*Albi*, Gaillac, Lavaur, Castres. *Castres* et *Mazamet,* fabriques de drap; *Carmaux,* verreries.
3. AUDE................	*Carcassonne*, Castelnaudary, Narbonne, Limoux. *Carcassonne,* fortifications du moyen âge; *Narbonne,* vins, eau-de-vie et miel.
4. HÉRAULT............	*Montpellier*, Lodève, Saint-Pons, Béziers. *Montpellier* (74.000 hab.), commerce de vins; *Béziers* (48.000 hab.), vins et eaux-de-vie; *Lodève, Saint-Pons,* fabriques de draps communs; *Cette,* port pour l'exportation des vins; *Agde,* port sur l'Hérault; *Lunel* et *Frontignan,* vins muscats renommés.
5. GARD	*Nîmes*, Alais, Uzès, Le Vigan. *Nîmes* (75.000 hab.), fabriques de châles et de tapis, commerce de vins; *Alais,* ville industrielle, mines de houille; *Aigues-mortes,* ancienne cité; *Bessèges* et *La Grand'Combe,* houillères, hauts fourneaux, verreries.
6. ARDÈCHE.............	*Privas*, Tournon, Largentière. *Tournon,* commerce de soie et de vins de la côte du Rhône; *Annonay,* gants de chevreau, fabrication de papier; *Viviers,* évêché.

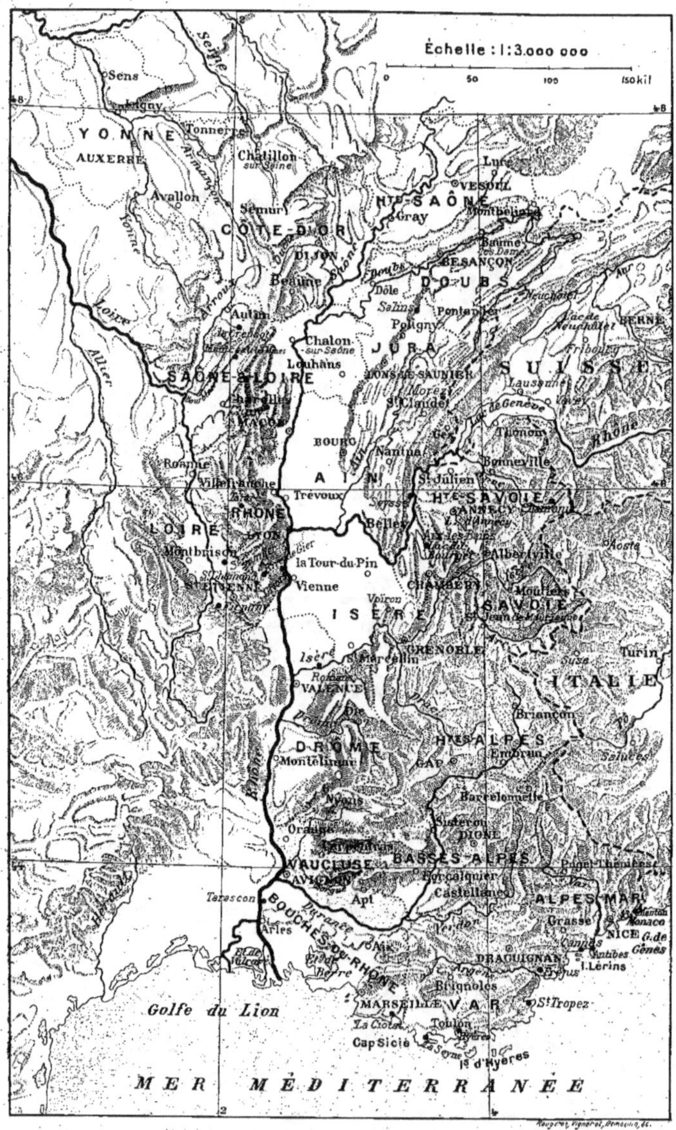

RÉGION DE L'EST ET SUD-EST (*Exercice cartographique.*)

DEVOIRS. — 1. Quels sont les départements baignés par la mer du Nord? ceux baignés par la Manche? par l'océan Atlantique?

2. Dites les départements frontières au nord-est et nommez les pays auxquels ils confinent.

3. Dites les départements qui touchent aux Pyrénées (aller de l'ouest vers l'est).

4. Nommez les départements qui sont sur le méridien de Paris (aller du nord au sud).

5. Quel département s'avance le plus à l'ouest? le plus au sud?

6. Parmi les départements formés par la Bretagne, quels sont ceux baignés par l'Océan? ceux baignés par la Manche? celui baigné à la fois par la Manche et l'Océan?

7. Dites les départements que formait l'Alsace et nommez les principales villes de cette ancienne province.

8. Quels sont les départements qui confinent à celui de la Mayenne. Aller de l'est à l'ouest en passant par le nord.

9. Indiquez les villes qui s'élèvent sur la rive droite de la Seine; celles sur la rive gauche.

10. Nommez les villes situées sur la rive droite de la Loire; sur la rive gauche.

11. Sur quels cours d'eau sont situées les villes de : Rennes? Caen? Laval? La Flèche? Vendôme? Châteaudun? Chartres? Dreux? Angoulême? Poitiers?

12. Dites les villes situées sur la rive droite de la Garonne; celles situées sur la rive gauche.

13. Nommez les principales villes situées sur la Manche; sur l'océan Atlantique.

14. Citez les ports militaires sur l'Océan; sur la Manche; le plus grand port de commerce sur la Manche.

15. Dites les villes situées aux confluents : de l'Aisne et de l'Oise; de l'Yonne et de la Seine; de l'Ille et de la Vilaine; de la Sèvre Nantaise et de la Loire de la Nièvre et de la Loire; de l'Isle et de la Dordogne; de la Saône et du Rhône.

16. Dites les villes situées sur la frontière belge; la ville la plus septentrionale de la France; la plus méridionale.

17. Que fabrique-t-on à Rouen, à Reims, à Amiens, à Angers, à Limoges?

18. En quoi consiste le commerce de Lille? du Havre? de Bordeaux?

19. Quelle est la population de Paris? de Nantes? de Toulouse?

20. Étudiez chaque département en indiquant : 1° ses bornes, les départements auxquels il confine; 2° les hauteurs qui le traversent; 3° les cours d'eau qui l'arrosent; 4° les villes sur les cours d'eau; 5° les autres villes.

EXERCICES CARTOGRAPHIQUES. — Reproduisez les cartes des régions : 1° en donnant la limite des départements avec les cours d'eau et les villes arrosées par ces cours d'eau; — 2° en indiquant les chefs-lieux et les sous-préfectures de chaque département.

Anc. Provinces et Départements.	Chefs-lieux et Villes importantes.

7. LOZÈRE............. *Mende*, Marvejols, Florac.
Mende, étoffes de laine.

8. HAUTE-LOIRE .... *Le Puy*, Brioude, Yssingeaux.
Le Puy, dentelles.

Comté de Foix (réuni sous Henri IV, en 1589), cap. **Foix**.

1. ARIÈGE............. *Foix*, Pamiers, Saint-Girons.
Pamiers et *Saint-Girons*, forges.

La petite république d'**Andorre** (8.000 hab.) est placée sous la protection de la France et celle de l'évêque d'Urgel en Espagne.

Roussillon (réuni sous Louis XIV, en 1652), cap. **Perpignan**.

1. PYRÉNÉES-ORIENTALES *Perpignan*, Prades, Céret.
Perpignan, place forte, sur la Têt.

IX. RÉGION DU SUD-EST

Cette région comprend deux parties bien distinctes : 1° la région alpestre, montagneuse, pauvre, mais très pittoresque; 2° la vallée du Rhône et les rivages de la Méditerranée riants et fertiles.

Anc. Provinces et Départements.	Chefs-lieux et Villes importantes.

Savoie (réunie sous Napoléon III, en 1870), cap. **Chambéry**.

1. HAUTE-SAVOIE .... *Annecy*, Thonon, Bonneville, Saint-Julien.
Thonon, sur le lac de Genève; *Chamonix*, village au pied du mont Blanc; *Evian*, eaux thermales.

2. SAVOIE .... *Chambéry*, Albertville, Moutiers, Saint-Jean-de-Maurienne.
Albertville, place forte; *Aix-les-Bains*, eaux minérales renommées.

Dauphiné (réuni sous Philippe VI, en 1349), cap. **Grenoble**.

1. ISÈRE .... *Grenoble*, La Tour-du-Pin, Vienne, Saint-Marcellin.
Grenoble (64.000 hab.), place forte, entourée de montagnes; *Voiron*, aciéries, papeteries, fabriques de toiles.

2. DRÔME .... *Valence*, Die, Montélimar, Nyons.
Montélimar et *Romans*, commerce de soie.

3. HAUTES-ALPES .... *Gap*, Briançon, Embrun.
Briançon, place forte, ville de France la plus élevée (1.320 m. d'altitude).

Comtat-Venaissin (réuni en 1791), cap. **Avignon**.

1. VAUCLUSE............ *Avignon*, Orange, Carpentras, Apt.
Avignon (45.000 hab.), sur le Rhône, ancienne résidence des papes (1309 à 1376), soieries; *Orange*, monuments romains.

Provence (réunie sous Louis XI, en 1481), cap. **Aix**.

1. BOUCHES-DU-RHÔNE... *Marseille*, Arles, Aix.
Marseille (442.000 hab.), notre premier port de commerce, en relations avec les pays baignés par la Méditerranée, l'Inde et l'extrême Orient. Blés de Russie, fabriques d'huile et de savon; *La Ciotat*, construction de machines à vapeur pour les paquebots; *Aix*, commerce d'huile d'olive; *Arles*, monuments romains.

2. VAR................ *Draguignan*, Brignoles, Toulon.
Toulon (95.000 hab.), grand port de guerre, *La Seyne*, constructions navales; *Hyères*, station d'hiver: *Fréjus*, évêché.

3. BASSES-ALPES........ *Digne*, Barcelonnette, Sisteron, Forcalquier, Castellane.
Digne, culture d'arbres fruitiers.

Anc. Provinces et Départements,	Chefs-lieux et Villes importantes.

Comté de Nice (réuni sous Napoléon III, en 1860), cap. **Nice**.

1. ALPES-MARITIMES .... *Nice*, Puget-Théniers, Grasse.
Nice (94.000 hab.), station d'hiver très fréquentée; *Cannes, Menton, Antibes*, villes connues par la douceur de leur climat; *Grasse*, fabriques d'essences et de parfums.

(Le département des Alpes-Maritimes englobe la **Principauté de Monaco**. *Monaco*, sur un rocher pittoresque, est une station d'hiver et une ville de jeu.)

Corse (réunie sous Louis XV, en 1768), cap. **Bastia**.

1. CORSE............. *Ajaccio*, Bastia, Calvi, Corte, Sartène.
Ajaccio, place forte et port de mer, patrie de Napoléon Ier; *Bastia*, port et place forte.

X. RÉGION DE L'EST

Cette région est riche et très industrieuse. — Forêts et pâturages du Jura. Vins de Bourgogne. Horlogerie de Besançon. Bois du Morvan. Soieries de Lyon. Bassin houiller de la Loire. Usines du Creusot.

Anc. Provinces et Départements.	Chefs-lieux et Villes importantes.

Bourgogne (réunie sous Louis XI, en 1477), cap. **Dijon**.

1. YONNE............... *Auxerre*, Sens, Joigny, Tonnerre, Avallon.
Sens, commerce de briques, de tuiles et de carreaux dits de « Bourgogne ».

2. CÔTE-D'OR........... *Dijon*, Châtillon-sur-Seine, Semur, Beaune.
Dijon (68.000 hab.), camp retranché, vins de Bourgogne; *Beaune*, vins renommés.

3. SAÔNE-ET-LOIRE...... *Mâcon*, Autun, Chalon-sur-Saône, Louhans, Charolles.
Mâcon, grand commerce de vins; *Le Creusot* (32.000 hab.) est le plus grand établissement métallurgique de France : constructions de machines et de matériel pour l'industrie, les chemins de fer, la marine et l'armée.

4. AIN .... *Bourg*, Gex, Nantua, Trévoux, Belley.
Bourg, marché agricole.

Franche-Comté (réunie sous Louis XVI, en 1678), cap. **Besançon**.

1. DOUBS.............. *Besançon*, Montbéliard, Baume-les-Dames, Pontarlier.
Besançon (58.000 hab.), sur le Doubs, grande place de guerre, importantes fabriques d'horlogerie; *Montbéliard*, sur le Doubs, horlogerie; *Pontarlier*, sur la frontière suisse.

2. HAUTE-SAÔNE........ *Vesoul*, Lure, Gray.
Gray, commerce de grains et de fers.

3. JURA .... *Lons-le-Saunier*, Dôle, Poligny, Saint-Claude.
Lons-le-Saunier, commerce de sel gemme; *Morez*, école d'horlogerie; *Salins*, pierre à chaux, sel gemme, bois de sapin.

Lyonnais (réuni sous Philippe le Bel, en 1312), cap. **Lyon**.

1. RHÔNE .... *Lyon*, Villefranche-sur-Saône.
Lyon (466.000 hab.), seconde ville de France, au confluent du Rhône et de la Saône, sur la grande voie fluviale qui conduit à la Méditerranée, industrie de la soie.

2. LOIRE .... *Saint-Étienne*, Roanne, Montbrison.
Saint-Étienne (136.000 hab.), sur le Furens, centre houiller, fabriques d'armes et de rubans de soie; *Roanne*, sur la Loire, tissages de laine et de coton; *Saint-Chamond*, fabriques de lacets, de galons; *Rive-de-Gier*, industrie du fer très active; *Saint-Galmier*, eaux minérales; *Firminy*, houille, métallurgie.

DEVOIRS. — 1. Quels sont les départements baignés par la Méditerranée (aller de l'ouest à l'est)? — 2. Nommez les départements qui touchent à l'Italie, — à la Suisse? — 3. Indiquez les départements qui touchent aux Cévennes (aller du nord au sud)? — 4. Dites les départements arrosés par la Saône, par le Doubs? — 5. Quels sont les départements limités par le Rhône : 1° ceux de la rive droite; 2° ceux de la rive gauche? — 6. Dites les départements arrosés par l'Isère, par la Durance? — 7. Quels sont les départements compris entre la Saône et le Jura? — 8. Nommez le département qui confine au lac de Genève. — 9. Pourquoi les départements suivants sont-ils ainsi appelés : Alpes-Maritimes, Basses-Alpes, Haute-Savoie, Drôme, Bouches-du-Rhône, Gard, Pyrénées-Orientales? — 10. Le Var arrose-t-il encore le département qui porte son nom? — 11. Citez les départements du Languedoc qui sont limités par le Rhône, — ceux du littoral de la Méditerranée? — 12. Où est située Arles? — 13. Quelle est l'altitude de Briançon? — 14. Quels sont nos deux grands ports de commerce sur la Méditerranée? — 15. Sur quelles rivières s'élèvent : Perpignan, Carcassonne, Alais, Die, Saint-Jean-de-Maurienne, Briançon, Dijon? — 16. Citez les villes du littoral de la Méditerranée recherchées comme station d'hiver? — 17. Où est situé notre premier port de commerce, — la seconde ville de France? — 18. Citez les principales villes de la Corse? Que savez-vous de la principauté de Monaco?

FRANCE GÉNÉRALE.

Tableau des villes de France ayant plus de 100.000 habitants.

1. PARIS	2.537.000	4. BORDEAUX	256.000	7. SAINT-ÉTIENNE	136.000	10. LE HAVRE	119.500
2. LYON	466.000	5. LILLE	216.000	8. ROUBAIX	125.000	11. ROUEN	113.200
3. MARSEILLE	442.000	6. TOULOUSE	150.000	9. NANTES	124.000	12. REIMS	108.000

DEVOIRS. — 1. Faire un croquis de la France et y marquer les villes de plus de 100.000 habitants ? — 2. Caractériser chacune de ces villes en indiquant sa situation, le nombre de ses habitants, son commerce, son industrie, ses monuments remarquables ? — 3. Grouper ces villes par région ? — 4. Disposer en tableau les villes suivantes avec leur population : Nancy, Toulon, Nice, Amiens, Limoges, Angers, Nîmes, Brest, Montpellier, Tourcoing, Rennes, Dijon, Orléans, Grenoble, Tours, Le Mans, Besançon, Calais, Versailles, Troyes, Clermont-Ferrand. — 5. Grouper ces villes par régions ? — 6. Dire la région qui renferme le plus de grandes villes ; — celle qui en renferme le moins ? — CARTOGRAPHIE. Faire un croquis de la France et y marquer les villes de plus de 10.000 habitants.

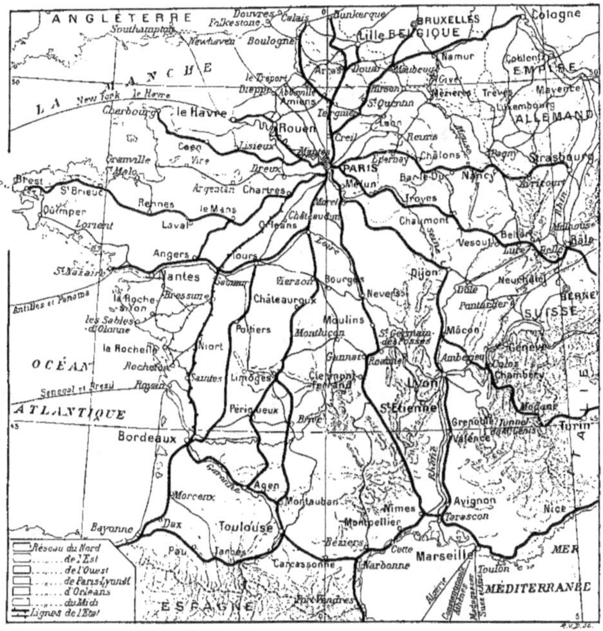

FRANCE. — Chemins de fer.

VOIES DE COMMUNICATION

1. Les différentes parties de la France sont reliées entre elles par des *routes*, des *chemins de fer*, des *cours d'eau : rivières, fleuves, canaux*. La *mer*, enfin, met notre pays en relation avec les autres contrées du globe. Ces moyens de transport contribuent au développement du commerce et de l'industrie nationale.

2. **Routes.** — Les routes sont les voies de communication les plus ordinaires ; elles se divisent en :

1° *Routes nationales*, entretenues par l'État ; 2° *Routes départementales*, entretenues par les départements ; 3° *Chemins vicinaux*, entretenus par les communes.

3. **Chemins de fer.** — Le premier chemin de fer de France fut ouvert en 1832, entre Lyon et Saint-Étienne ; mais ce n'est qu'en 1842 que l'on commença à tracer des lignes plus importantes. Aujourd'hui la longueur des chemins de fer français dépasse 39.000 kilomètres.

Les chemins de fer sont les voies de communication les plus rapides ; ils servent au transport des voyageurs et des marchandises, et contribuent à assurer la défense du pays en permettant d'amener rapidement les armées aux frontières.

On les divise en *sept réseaux* dont six appartiennent à des *compagnies* et sont désignés par la région qu'ils occupent : *Nord, Est, Paris-Lyon-Méditerranée, Ouest, Orléans, Midi*. Le septième réseau, le moins important, appartient à l'*État*.

RÉSEAU DU NORD

De Paris à :	En passant par :	Avec prolongement vers :
1. Boulogne et Calais.	Creil, Amiens, Abbeville.	l'Angleterre (par mer).
2. Lille.	Creil, Arras, Douai.	la Belgique, la Hollande.
3. Maubeuge.	Creil, Saint-Quentin.	la Belgique, l'Allemagne, la Russie.

RÉSEAU DE L'EST

1. Belfort.	Troyes, Chaumont, Vesoul.	l'Alsace, la Suisse, l'Italie.
2. Strasbourg.	Épernay, Châlons, Bar-le-Duc, Nancy, Avricourt.	l'Alsace, l'Allemagne, l'Autriche, les Balkans.
3. Givet.	Épernay, Reims, Mézières.	la Belgique.

RÉSEAU DE PARIS-LYON-MÉDITERRANÉE

1. Lyon-Marseille.	Melun, Dijon, Mâcon, Lyon, Valence, Avignon. De Dijon, un embranchet passant par Pontarlier pénètre en Suisse. De Marseille, une ligne se dirige vers l'Italie, passant par Nice.	l'Algérie (par mer). l'Espagne.
2. Cette.	Melun, Nevers, Moulins, Clermont, Nîmes, Montpellier.	l'Italie (par le tunnel du mont Cenis).
3. Modane.	Ligne de Lyon-Marseille jusqu'à Mâcon, Ambérieu, Culoz, Chambéry.	

RÉSEAU DE L'OUEST

1. Au Havre.	Rouen.	New-York (États-Unis) [par mer].
2. Cherbourg.	Lisieux, Caen.	
3. Granville.	Dreux, Argentan, Vire.	
4. Brest.	Chartres, Le Mans, Laval, Rennes, Saint-Brieuc.	

RÉSEAU D'ORLÉANS

1. Bordeaux.	Orléans, Tours, Poitiers.	l'Espagne, le Sénégal, le Brésil et La Plata (par mer).
2. Toulouse.	Orléans, Châteauroux, Limoges, Montauban.	
3. Nantes et Saint-Nazaire.	Châteaudun, Tours, Angers.	

RÉSEAU DU MIDI

1. De Bordeaux à Cette.	Agen, Montauban, Toulouse, Carcassonne, Narbonne, Béziers.	l'Espagne.
2. De Bordeaux à Bayonne.	Dax.	l'Espagne et le Portugal.

RÉSEAU DE L'ÉTAT

1. De Paris à Bordeaux.	Chartres, Saumur, Niort, Saintes.	
2. De Nantes à Bordeaux.	La Roche-sur-Yon, La Rochelle, Rochefort, Saintes.	
3. De Tours aux Sables-d'Olonne.	La Roche-sur-Yon.	

Devoirs. — 1. Comment les différentes parties de la France sont-elles reliées entre elles ? — 2. Comment se divisent les routes ? — 3. Parlez des chemins de fer. Par quelles villes passe un voyageur qui va de Paris à Mulhouse ? De Paris à Nancy ? De Paris à Genève ? De Paris à Bordeaux ? De Paris à Marseille ? De Bordeaux à Cette ? De Paris à Calais ? De Besançon à Nice ? De Poitiers à Brest ? Par quelles grandes villes passe-t-on en se rendant par voie ferrée de Paris à Saint-Pétersbourg ? De Paris à Moscou ? De Paris à Constantinople ? Où s'embarque-t-on pour se rendre à New-York ? au Brésil ? en Algérie ? au Sénégal ?

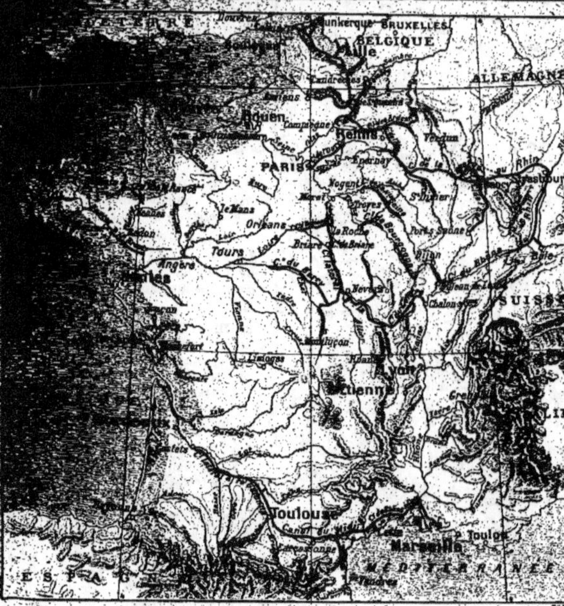

FRANCE. — Canaux.

Navigation.

4. Canaux. — Les cours d'eau sont des voies de communication naturelles, « des chemins qui marchent »; mais ils ne sont pas toujours navigables, à cause de leur peu de profondeur ou de leur courant trop rapide.

Pour rendre un cours d'eau navigable, on est souvent obligé de le *canaliser*, c'est-à-dire de resserrer son lit pour le rendre plus profond, et de régulariser son cours par des *écluses*.

Lorsqu'un cours d'eau ne se prête pas à la canalisation, on creuse sur la rive un *canal latéral* (sur le côté), où sont amenées les eaux de la rivière.

On met aussi en communication deux cours d'eau ou deux bassins en les rattachant par des *canaux de jonction*. Ces canaux permettent aux bateaux de passer d'un fleuve à un autre, et d'aller ainsi du nord au sud de la France.

Les *cours d'eau* et les *canaux* rendent de très grands services au commerce et à l'industrie, car ils transportent les marchandises à meilleur marché que les chemins de fer.

Quand cela est nécessaire et possible, les canaux traversent les montagnes au moyen de *tunnels* et franchissent les vallées, les fleuves sur des *aqueducs*.

Presque tous nos canaux *appartiennent à l'État*.

Le réseau de nos voies navigables est de 13.500 kilomètres, dont 5.000 pour les canaux.

5. Canaux latéraux. — Les principaux canaux latéraux sont : le *canal latéral à la Loire* et le *canal latéral à la Garonne*.

6. Canaux de jonction. — La Seine est reliée :

1° A la Somme par le *canal de la Somme*, et à l'Escaut par le canal de Saint-Quentin, qui rejoignent le *canal latéral à l'Oise* (affluent de la Seine).

2° A la mer du Nord par les *canaux de Flandre*, qui se rattachent à l'Escaut.

3° A la Meuse, par le *canal de l'Oise à la Sambre*, et par le *canal des Ardennes* qui aboutit à l'Aisne (affluent de l'Oise).

4° Au Rhin, par le *canal de la Marne au Rhin*.

5° Au Rhône par le *canal de Bourgogne*, qui unit l'Yonne (affluent de la Seine) à la Saône (affluent du Rhône).

6° A la Loire par les *canaux du Loing, d'Orléans et de Briare*, et le *canal du Nivernais* qui joint l'Yonne au canal latéral à la Loire.

Il existe également un *canal de l'Aisne à la Marne*.

Le Rhône est relié :

1° Au Rhin, par le *canal du Rhône au Rhin*, qui s'amorce au Doubs (affluent de la Saône).

2° A la Meuse par le *canal de l'Est*, qui fait communiquer la Saône avec la Moselle.

3° A la Loire, par le *canal du Centre* qui part du canal latéral à la Loire et aboutit à la Saône.

4° A la Garonne, par le *canal du Rhône à Cette* et par le *canal du Midi* qui mettent en communication la Méditerranée et l'océan Atlantique.

Les *canaux du Berry* relient le Cher à la Loire.

Le *canal de Nantes à Brest* fait communiquer la Loire avec la Vilaine, le Blavet et l'Aulne.

Le *canal d'Ille-et-Rance* met en relation Nantes et Saint-Malo.

La Loire et la Garonne ne peuvent communiquer à cause du Massif central qui les sépare et rend impossible l'établissement d'un canal.

7. Navigation maritime. — Les mers qui baignent la France sont des voies de communication plus importantes que les cours d'eau et les canaux; elles facilitent les relations entre la France et les pays étrangers.

Les navires à voiles ou à vapeur, destinés à transporter les voyageurs et les marchandises à travers les mers, forment la *marine marchande* ou *marine de commerce*.

La navigation maritime comprend : la *navigation côtière* ou *cabotage*, qui se fait surtout de port français à port français, et la *navigation au long cours*, qui se fait entre la France et les différents pays du globe.

8. Principaux ports. — Nos principaux ports de commerce sont :

Sur la mer du Nord et la Manche : *Dunkerque, Calais, Boulogne, Dieppe, Le Havre, Honfleur, Rouen.*

Sur l'Atlantique : *Saint-Nazaire, Nantes, Bordeaux, Bayonne.*

Sur la Méditerranée : *Cette, Marseille, Nice.*

Marseille, Le Havre, Bordeaux sont les plus importants.

9. Principales lignes de navigation. — Différentes compagnies, analogues aux compagnies de chemins de fer, ont des services réguliers de navigation au long cours; les principales sont : la *Compagnie générale transatlantique*, les *Messageries maritimes*, les *Chargeurs réunis*, etc. (Voir tableau, p. 56.)

Devoirs. — 1° Les cours d'eau sont-ils toujours navigables? Comment les y rend-on? — 2° Qu'est-ce qu'un canal latéral? Qu'est-ce qu'un canal de jonction? Quelle est l'utilité de notre réseau de voies navigables? — 5. Quels sont les principaux canaux latéraux? — 6. Quelles rivières et quels canaux suit-on pour transporter des marchandises de Paris à Nantes? De Paris à Lille? De Nevers à Paris? De Bordeaux à Marseille? De Saint-Quentin à Lyon? De Melun à Dijon? D'Orléans à Paris? De Tours à Brest? De Paris à Calais? — 7. Parlez de la navigation maritime. — 8. Citez nos principaux ports de commerce. — 9. Nommez les trois principales lignes de navigation au long cours. — Quelle voie suit-on pour se rendre de Marseille à Tamatave? du Havre à New-York? de Saint-Nazaire à la Martinique?

ANCIENNES PROVINCES. — Avant 1789, la France était divisée en 33 *gouvernements* ou *provinces*.

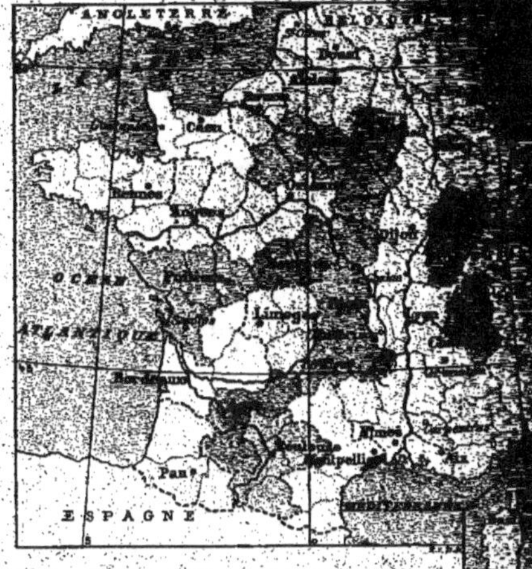

FRANCE JUDICIAIRE. — Cours d'appel. — Les *cours d'appel* sont des tribunaux supérieurs qui jugent en dernier ressort. Il y a en France 26 cours d'appel.

GOUVERNEMENT ET ADMINISTRATION

Gouvernement.

1. Le gouvernement de la France est la *République*.

Le Président. — Le chef de l'État est un *Président*, nommé pour sept ans et rééligible. Il exerce le pouvoir exécutif avec le concours et sous la responsabilité des *ministres* qu'il choisit.

2. Ministres. — Il y a en France onze ministères se répartissant ainsi : *Intérieur ; Instruction publique et Beaux-Arts ; Justice ; Affaires étrangères ; Guerre ; Marine ; Travaux publics ; Commerce, Industrie et Postes et Télégraphes ; Colonies ; Agriculture ; Finances.*

La direction des *Cultes* est rattachée tantôt à un ministère, tantôt à un autre, le plus souvent à la Justice ou à l'Intérieur.

3. Sénateurs et Députés. — Le peuple français élit des *députés* et des *sénateurs*, qui exercent le pouvoir législatif et votent les impôts.

Les deux Chambres, réunies en *Assemblée nationale* ou *Congrès*, nomment le Président de la République.

4. Le Département. — Chaque département est administré par un *préfet*, assisté d'un *conseil général*.

5. L'Arrondissement. — Le département est partagé en *arrondissements*, administrés chacun par un *sous-préfet*, aidé d'un *conseil d'arrondissement*. Il y a en France 362 *arrondissements*.

6. Le Canton. — L'arrondissement se subdivise en *cantons*. C'est au chef-lieu de canton que siège la justice de paix et que se font le tirage au sort et la revision. Il y a en France 2.881 cantons.

7. La Commune. — Chaque canton se compose de plusieurs *communes*. La commune est administrée par le *maire*, assisté du *conseil municipal*. Il y a en France 36.144 communes.

Finances.

8. Budget. — On appelle *budget* de l'État, le tableau annuel des dépenses et des recettes de l'État.

Le budget, préparé par le ministre des Finances, est discuté et voté chaque année par les deux Chambres.

9. Impôt. — Les ressources du budget se composent principalement des impôts et du produit des monopoles.

L'impôt est la somme que chaque citoyen doit annuellement payer à l'État. On distingue deux grandes classes d'impôts : les *impôts directs* et les *impôts indirects.*

Les recettes réalisées sont employées à couvrir les dépenses des grands services publics : armée, marine, magistrature, instruction publique, dette publique, etc.

La dette publique en France dépasse 30 milliards ; c'est la plus forte qui soit au monde.

Justice.

10. La *justice* est rendue par les *cours* et *tribunaux*.

11. Justice de paix. — Dans chaque canton réside un *juge de paix*, qui a pour mission de *concilier* les citoyens et de juger les procès de petite importance.

12. Tribunal civil. — Au chef-lieu d'arrondissement est un *tribunal civil* qui juge au *civil* et au *correctionnel*.

13. Tribunal de commerce. — Dans les villes importantes il y a des *tribunaux de commerce* chargés de juger les contestations entre commerçants.

14. Conseils des prud'hommes. — Les conseils des *prud'hommes* jugent les contestations entre patrons et ouvriers. Les juges sont élus et, dans ce conseil, le nombre des patrons est égal au nombre des ouvriers.

15. Cour d'appel. — Si l'une des parties n'accepte pas le jugement du tribunal de première instance ou du tribunal de commerce, elle en appelle à une cour supérieure, la *cour d'appel*, qui rend une décision, dite *arrêt*.

Il y a en France 26 *cours d'appel*. (V. la carte ci-dessus.)

16. Cour d'assises. — Les *crimes* sont déférés aux *cours d'assises*. La cour d'assises se compose de trois juges et d'un *jury*, formé de douze jurés tirés au sort parmi les habitants du département.

17. Cour de Cassation. — La *cour de Cassation* ou cour suprême, qui siège à Paris, examine les jugements et les *casse* s'ils ne sont pas conformes à la loi.

FRANCE UNIVERSITAIRE. — Académies ou Universités. — La France est divisée en *seize académies* administrées chacune par un recteur.

18. Tribunaux administratifs. — Les affaires purement administratives sont jugées par des tribunaux spéciaux : le *conseil d'État*, la *cour des Comptes*, les *conseils de préfecture*, etc.

19. Conseils de guerre. — Les tribunaux chargés de juger les délits et crimes militaires portent le nom de *conseils de guerre;* ils sont composés d'officiers. Dans certains cas déterminés, les jugements des conseils de guerre peuvent être déférés en appel à un tribunal supérieur, dit *conseil de revision.*

Instruction publique.

20. Université. — L'instruction publique comprend trois ordres d'enseignement : *l'enseignement primaire* qui se donne dans les écoles primaires; *l'enseignement secondaire* qui se donne dans les lycées et collèges; *l'enseignement supérieur* qui est donné dans les universités comprenant les facultés de droit, des lettres, des sciences, de médecine, etc.

En dehors de l'Université il existe de grandes écoles qui donnent l'enseignement supérieur : *l'École polytechnique* forme des officiers d'artillerie et du génie, ainsi que des ingénieurs pour le service de l'État; *l'École de Saint-Cyr*, des officiers d'infanterie et de cavalerie; *l'École navale*, des officiers de marine; *l'École centrale*, des ingénieurs civils.

Il faut encore citer en dehors de l'Université : 1° les trois *écoles vétérinaires* d'Alfort (près Paris), de Lyon et de Toulouse; 2° les trois grandes *écoles d'agriculture* de Grignon (Seine-et-Oise), de Grand-Jouan (Seine-Inférieure), de Montpellier. En outre il y a dans les départements des *fermes-écoles* où se donne l'enseignement élémentaire et pratique de l'agriculture.

Enfin mentionnons les deux écoles supérieures : *l'Institut agronomique* de Paris et *l'École forestière* de Nancy.

21. Académies. — La France est divisée, au point de vue de l'Instruction publique, en 16 académies ayant chacune à sa tête un *recteur*, sous les ordres duquel sont placés un *inspecteur d'académie* par département et un *inspecteur primaire* par arrondissement. (V. la carte ci-dessus.) — Le ministre de l'Instruction publique est recteur de l'académie de Paris; il est assisté d'un vice-recteur.

Les grandes villes ont plusieurs inspecteurs primaires.

FRANCE, DIVISIONS MILITAIRES. — Le territoire français, y compris l'Algérie-Tunisie est divisée en *vingt régions militaires* occupées chacune par un corps d'armée. Le 19° corps occupe l'Algérie et la Tunisie.

22. Institut. — L'Institut est une compagnie de savants, de littérateurs et d'artistes, célèbres par l'importance de leurs travaux. L'Institut se divise en cinq Académies qui se recrutent elles-mêmes par voie d'élection : *l'Académie française*, *l'Académie des Sciences*, *l'Académie des Inscriptions et Belles-Lettres*, *l'Académie des Sciences morales et politiques*, *l'Académie des Beaux-Arts*.

Armée.

23. Service militaire. — Tout Français ayant atteint l'âge de vingt ans révolus doit le service militaire pendant vingt-cinq années.

3 ans dans *l'armée active;*
10 ans dans la *réserve de l'armée active;*
6 ans dans *l'armée territoriale;*
6 ans dans la *réserve de l'armée territoriale.*

24. Armée de terre. — L'armée de terre comprend :
Infanterie : 173 régiments de ligne, plus 30 bataillons de chasseurs à pied et 5 bataillons d'infanterie légère d'Afrique.
Cavalerie : 89 régiments.
Artillerie : 40 régiments et 16 bataillons d'artillerie à pied.
Génie : 7 régiments. — *Équipages militaires :* 20 escadrons.
Plus 20 sections d'*infirmiers* et environ 26 000 *gendarmes.*
En temps de paix, l'effectif des troupes françaises s'élève environ à 580.000 hommes. En temps de guerre, il serait porté à près de 4 millions.

25. Armée de mer. — Pour le recrutement de la marine, les habitants du littoral, qui se livrent à la pêche, sont classés ou inscrits sur les registres de *l'inscription maritime.* Depuis 18 ans jusqu'à 50, les *inscrits* peuvent être requis pour le service de l'État.

L'armée de mer comprend environ 50.000 *marins*, 13 régiments d'infanterie de marine et 2 régiments d'artillerie qui font le service des colonies et de nos 5 grands ports militaires : *Cherbourg, Brest, Lorient, Rochefort* et *Toulon.* Elle est divisée en *escadre de la Méditerranée* et *escadre de la mer du Nord.*

DÉFENSES DE LA FRONTIÈRE NORD-EST.

FRANCE ECCLÉSIASTIQUE. — Archevêchés et Évêchés. — La France est divisée en *84 diocèses* administrés par 17 archevêques et 67 évêques.

La France a, en outre, des troupes coloniales.

Notre flotte compte 448 bâtiments de guerre, dont 27 cuirassés de premier rang et 228 torpilleurs.

Les officiers de marine se forment à l'*École navale*, établie en rade de Brest, à bord du vaisseau « le Borda ».

26. Défense des frontières. — La France a pour *défenses naturelles* : la *mer du Nord*, la *Manche*, l'*océan Atlantique*, au nord et à l'ouest ; la chaîne des *Pyrénées* et la *Méditerranée*, au sud ; le massif des *Alpes* et la chaîne du *Jura*, à l'est.

La chaîne des *Vosges*, dont les Allemands occupent le versant oriental, ne peut plus être considérée comme une défense naturelle suffisante.

La *région du Nord-Est*, comprise entre le Jura et Dunkerque est la seule qui soit dépourvue de frontières naturelles.

Pour défendre cette région du Nord-Est on a construit des *camps retranchés* et de *nombreux forts* : 1° sur la frontière belge, sur les rives de la Meuse, de la Moselle et de la Meurthe ; 2° sur les hauteurs limitant les vallées qui conduisent à Paris ; 3° autour de Paris.

Les principales *places fortes* qui défendent la frontière du Nord-Est du côté de l'Allemagne sont : *Mézières* (fort des *Ayvelles*), *Verdun*, *Toul*, *Epinal*, *Belfort* ; et, plus en arrière : *La Fère, Laon, Reims, Langres, Dijon, Besançon*.

Les autres places fortes de la France sont : du côté de la Belgique, *Dunkerque, Calais, Lille, Maubeuge* ; du côté de la Suisse et de l'Italie, les camps retranchés de *Lyon, Grenoble* et la place forte de *Briançon* ; du côté de l'Espagne, *Bayonne, Perpignan*.

Paris est maintenant un immense camp retranché, protégé par des fortifications et deux ceintures de forts. Un chemin de fer stratégique relie entre eux les forts de la nouvelle ceinture. (V. la carte ci-dessus).

27. Défense des côtes. — La défense des côtes est assurée : 1° par les cinq grands ports militaires ; 2° par une quantité de *forts* et de *batteries* établis sur différents points de la côte et dans les îles voisines du littoral ; 3° par les *navires de guerre* chargés de défendre nos ports et nos colonies.

Divisions ecclésiastiques.

28. Cultes. — Il y a quatre cultes reconnus et subventionnés par l'État : le culte *catholique*, le culte *protestant*, le culte *israélite*, et, en Algérie, le culte *musulman*.

La religion catholique est professée par l'immense majorité des Français.

29. Diocèses. — La France est partagée en 84 diocèses (v. la carte ci-dessus), administrés par 17 *archevêques* et 67 *évêques* suffragants, c'est-à-dire dépendant de l'archevêque. Il y a en outre un archevêque à Alger et un autre à Carthage (Tunis).

Les 17 archevêchés sont à :

Paris.	Besançon.	Auch.
Rouen.	Lyon.	Bordeaux.
Tours.	Chambéry.	Albi.
Rennes.	Avignon.	Bourges.
Reims.	Aix.	Sens.
Cambrai.	Toulouse.	

FRANCE ÉCONOMIQUE

Agriculture.

1. La situation avantageuse de la France dans la région tempérée et la fertilité naturelle de son sol en font un pays agricole par excellence.

L'agriculture est la principale source de notre richesse.

2. Céréales. — Le FROMENT OU BLÉ croît dans toutes nos plaines ; il réussit surtout dans les plaines du *Nord*, de la *Brie*, de la *Beauce*. — L'AVOINE est l'objet d'une production presque aussi considérable. — L'ORGE et le SEIGLE sont cultivés en *Bretagne*, sur le *plateau Central* et dans les *Alpes*. — Le MAÏS prospère dans le bassin de la *Garonne*.

3. Pommes de terre. — La POMME DE TERRE est cultivée partout, mais surtout dans l'*Est*.

DEVOIRS. — Combien notre flotte de guerre compte-t-elle de bâtiments ? Où se forment les officiers de marine ? — 26. Quelles sont les défenses naturelles de la France ? Nommez les places fortes de la France : 1° du côté de l'Allemagne ; 2° du côté de la Belgique ; 3° du côté de la Suisse et de l'Italie ; 4° du côté de l'Espagne. — 27. Par quoi est assurée la défense des côtes ? — 28. Quels sont les cultes reconnus par l'État ? Quelle est la religion de la majorité des Français ? — 29. En combien de diocèses est partagée la France ? — 1. Quelle est la situation de la France au point de vue agricole ? — 2, 3. Où cultive-t-on des céréales ? la pomme de terre ?

4. Vigne. — La VIGNE est, après les céréales, une des grandes richesses agricoles de notre pays. Les principaux centres viticoles sont : le *Midi*, le *Bordelais*, les *Charentes*, la *Bourgogne* et la *Champagne*.

5. Plantes industrielles. — La BETTERAVE, qui sert à faire du sucre et de l'alcool, est cultivée dans les plaines du *Nord*. — Le LIN et le CHANVRE, avec lesquels on tisse la toile, croissent surtout dans le *nord* et l'*ouest* de la France. — L'OLIVIER, qui donne la meilleure huile à manger, et le MURIER qui nourrit le ver à soie, prospèrent dans la région de la *Méditerranée*. — La production du COLZA s'est ralentie. — Le HOUBLON, qui entre dans la fabrication de la bière, est une production importante de l'*Est* et du *Nord-Est*. — La culture du TABAC n'est autorisée que dans quelques départements.

6. Prairies et pâturages. — Les meilleures PRAIRIES se trouvent dans la *Normandie*, la *Bretagne* et le *Berry*. — Les régions montagneuses des *Pyrénées*, du *Massif central*, des *Alpes*, du *Jura*, ont des PATURAGES.

7. Arbres fruitiers. — Notre pays produit presque toutes les variétés d'arbres fruitiers. — Le POMMIER prodigue ses fruits aux pays baignés par la *Manche*; le cidre est la boisson des Normands. — Le CHATAIGNIER pousse sur les collines du *Limousin* et les montagn s des *Cévennes*.

8. Forêts. — Les FORÊTS couvrent surtout les pentes des montagnes; certaines parties des *Alpes* et du *Massif central* ont été imprudemment déboisées. Il existe aussi quelques forêts de plaines, forêts d'*Orléans*, de *Fontainebleau*, de *Compiègne*, de *Rambouillet*, des *Landes*, etc.

9. Animaux domestiques. — On désigne sous le nom de GROS BÉTAIL les chevaux, les mulets, les bœufs. Les moutons, les porcs, les chèvres forment le *menu bétail*.

Les principales races de CHEVAUX sont : les races *boulonnaise* (Boulogne), *percheronne*, *poitevine* et *comtoise* pour le camionnage; les races *normande* et *bretonne* fournissent des chevaux de trait et de carrosse; la *Lorraine*, le *Limousin*, les *Pyrénées*, les *Landes* donnent des chevaux de selle.

Les races de BŒUFS les plus estimées sont: pour la boucherie, les bœufs du *Charolais* (Saône-et-Loire) et les bœufs *normands;* pour le labour, les races *vendéennes*, de *Salers* (Auvergne) et du *Midi*. — La *Bretagne*, la *Normandie*, la *Flandre* ont les meilleures VACHES laitières.

Dans quelqu s départements on élève le MOUTON mérinos à laine fine. La *Flandre*, l'*Artois*, la *Normandie* (prés salés), le *Berry*, le *Poitou* et la *Provence* donnent des races de boucherie.

Les *Pyrénées*, les *Cévennes*, la *Corse*, nourrissent un grand nombre de CHÈVRES.

Le PORC est l'hôte habituel de toutes nos fermes.

Industrie.

10. Industrie extractive. — Le FER et la HOUILLE sont les deux matières les plus nécessaires à l'*industrie*.

HOUILLE. — Nos principaux bassins houillers sont situés dans le *Nord* et autour du *plateau Central*. Les plus importants sont ceux du Nord et du Pas-de-Calais (*Anzin* et *Lens*), — de *Saint-Étienne* (Loire), — du *Creusot* (Saône-et-Loire), — de *Commentry* (Allier), — d'*Alais* (Gard).

La France n'extrait de ses mines que les deux tiers de la houille qu'elle consomme; elle achète l'autre tiers à la Belgique, à l'Allemagne et à l'Angleterre.

FER. — Les départements de *Meurthe-et-Moselle* et de la *Haute-Marne* sont les plus riches en FER.

11. Industrie métallurgique. — Le FER, la FONTE, l'ACIER, ainsi que les *machines*, se fabriquent principalement dans le voisinage des mines de houille et de fer.

Les usines les plus importantes sont celles de *Lille* (Nord), — du *Creusot* (Saône-et-Loire), — de *St-Étienne* et *Rive-de-Gier* (Loire), — de *Saint-Dizier* (Hte-Marne), — de *Fourchambault* (Nièvre).

FRANCE ÉCONOMIQUE.

12. Constructions navales. — Les principaux chantiers de constructions navales sont : à *Indret*, près de Nantes, au *Havre*, à *Bordeaux*, à *La Ciotat*, près de Marseille, et à *La Seyne*, près de Toulon.

13. Fonderies de canons. — Des fonderies de canons sont installées à *Bourges*, *Ruelle* (Charente), *Tarbes*, *Toulouse*, le *Creusot*.

14. Armes blanches et fusils. — On fabrique des armes blanches et des fusils à *Saint-Étienne*, *Châtellerault*, *Tulle*.

15. Coutellerie. — Les coutelleries renommées sont à *Châtellerault*, *Tulle*, *Langres*, *Thiers*.

16. Industries manufacturières. — Les principaux centres industriels sont :

Pour la LAINE : *Roubaix*, *Sedan*, *Elbeuf*, *Louviers*, *Reims*; — pour la SOIE : *Lyon* et *Saint-Étienne*; — pour le COTON : *Rouen*, *Lille*, *Amiens*, *Saint-Quentin*; — pour le LIN : *Lille*; — pour le CHANVRE : *Le Mans*.

On fabrique des DENTELLES à *Alençon*, *Caen*, *Bailleul* (Nord), *Calais*, *Saint-Quentin*, *Le Puy*; — des TAPIS à *Paris* (les Gobelins), *Aubusson*, *Beauvais*, *Nîmes*.

17. Sources minérales. — Dans les PYRÉNÉES : *Eaux-Bonnes* (Basses-Pyrénées); *Cauterets* (Hautes-Pyrénées); *Bagnères-de-Luchon* (Haute-Garonne); *Ax* (Ariège); *Amélie-les-Bains* (Pyrénées-Orientales). — Dans les MONTS D'AUVERGNE : *Vichy* (Allier); *La Bourboule*, le *Mont-Dore* (Puy-de-Dôme). — Dans les CÉVENNES : *Saint-Galmier* (Loire); *Vals* (Ardèche). — Dans les ALPES : *Aix-les-Bains* (Savoie). — Dans le JURA : *Divonne*. — Dans les VOSGES : *Plombières*, *Bussang*.

Commerce.

18. Le commerce de la France est très actif : *Paris*, *Marseille*, *Le Havre* sont les trois villes les plus commerçantes.

Le commerce comprend deux opérations principales : 1° l'*importation*, c'est-à-dire l'entrée en France de marchandises venant de l'étranger; 2° l'*exportation*, c'est-à-dire la sortie de marchandises françaises destinées à l'étranger.

Les principaux articles importés en France sont des matières premières : *laine*, *soie*, *coton*, *lin*, *fer*, *bois*, *peaux*, *cuivre*, etc.; ou des produits alimentaires : *blé*, *café*, *épices*, etc. Les importations s'élèvent à près de 4 milliards de francs.

La France vend du *vin*, des *bestiaux*, des *tissus* de laine et de soie, du *papier*, des *objets de luxe* connus dans le monde entier sous le nom d'*articles de Paris*. Les exportations s'élèvent à environ 3 milliards et demi de francs.

DEVOIRS. — 4. Où cultive-t-on de la vigne ? — 5. des plantes industrielles ? — 6. Où trouve-t-on des prairies et pâturages ? — 7. des arbres fruitiers ? — 8. des forêts ? — 9. Parlez des animaux domestiques qui vivent en France. — 10. Où trouve-t-on la houille ? le fer ? — 11. Quelles sont les plus importantes usines de France ? — 12, 13, 14, 15. Où fait-on des constructions navales ? des canons ? des armes blanches et des fusils ? de la coutellerie ? — 16. Parlez des principaux centres industriels. — 17. Citez les localités où se trouvent les sources minérales les plus connues. — 18. Quelles sont les villes les plus commerçantes ? Qu'appelle-t-on importation, exportation ? Qu'importe la France ? Qu'exporte-t-elle ? De combien les importations dépassent-elles les exportations ?

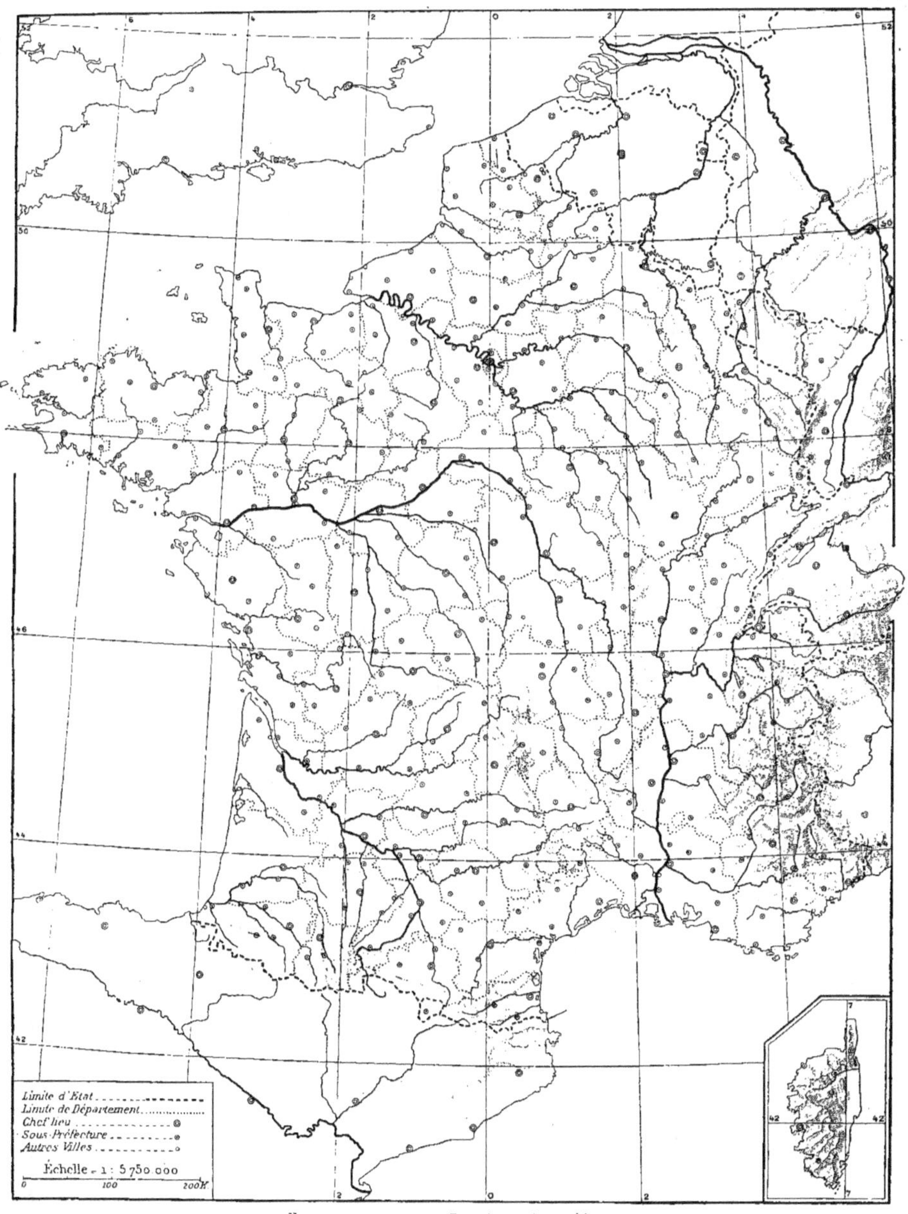

FRANCE MUETTE. — (*Exercice cartographique.*)

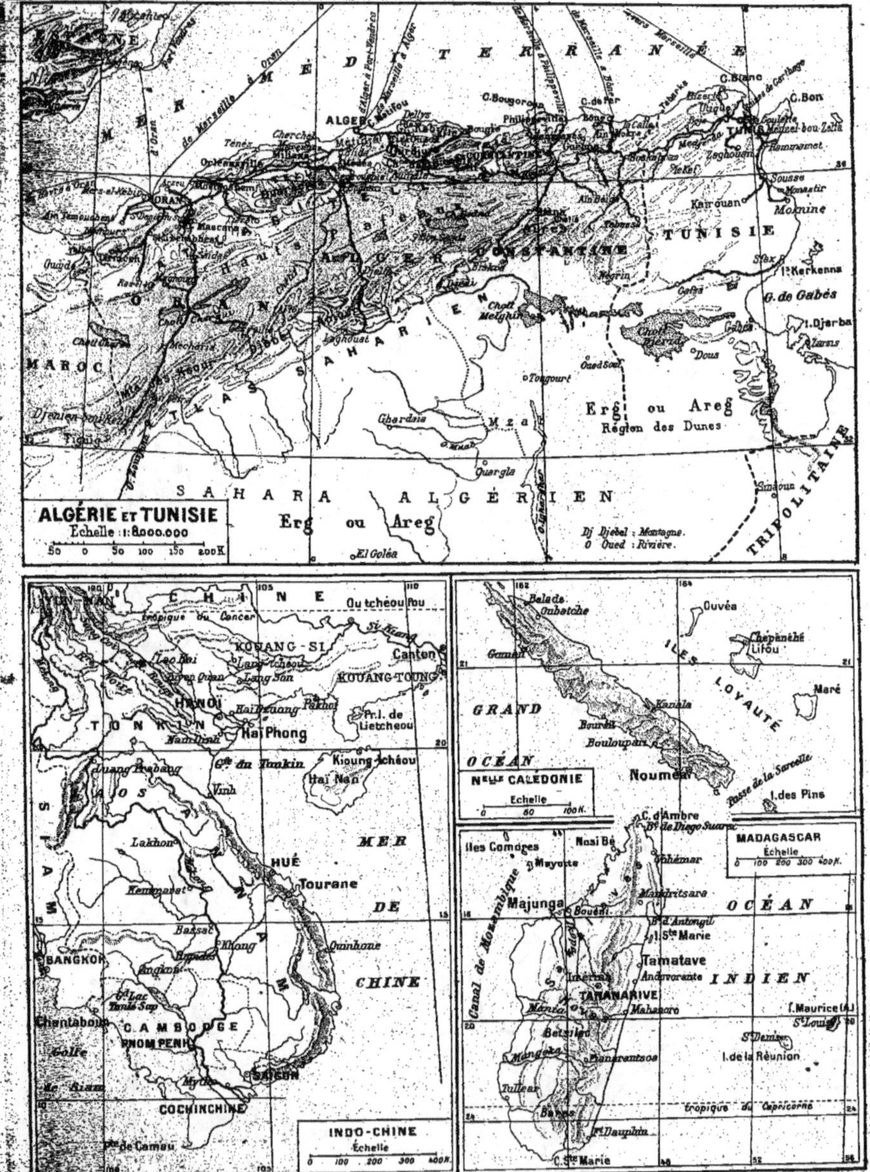
ALGÉRIE ET TUNISIE
Echelle 1:8.000.000
Dj Djebel : Montagne.
O Oued : Rivière.
NELLE CALEDONIE
Echelle
MADAGASCAR
Echelle
INDO-CHINE
Echelle

COLONIES FRANÇAISES

1. Après l'Angleterre, c'est la France qui possède, hors d'Europe, le plus vaste territoire. Réunies, *les colonies françaises représentent une surface dix fois plus considérable que celle de la mère patrie:* leur population peut être évaluée à 45 millions d'habitants environ.

EN AFRIQUE

2. — Nous tenons le nord et l'ouest du grand continent africain par la *Tunisie*, l'*Algérie*, le *Sénégal* et le *Soudan français.* — Du *Congo français* nous nous efforçons de gagner la vallée supérieure du Nil (Nil Blanc) et d'occuper la région située entre ce fleuve et le lac Tchad. Enfin notre drapeau flotte sur *Madagascar*, la grande île africaine de la côte orientale.

Algérie.

3. **Situation. Étendue.** — L'Algérie est à 760 kilomètres — vingt-six heures de traversée — de Marseille. Sa superficie (797.000 kil. car.) est supérieure à celle de la France; mais son sol n'est pas partout favorable à la culture : c'est sur le littoral que se trouvent les points les plus fertiles et les plus peuplés.

4. **Limites.** — La *Méditerranée*, au nord; la *Tunisie*, à l'est, l'empire du *Maroc*, à l'ouest; au sud l'immense *Sahara*, où aucune frontière n'est tracée : telles sont les bornes de notre colonie.

5. **Régions naturelles.** — Deux chaînes de montagnes, l'*Atlas tellien* et l'*Atlas saharien*, divisent l'Algérie en trois régions naturelles : au bord de la mer le *Tell*, grande plaine fertile en blé et en vin; — au centre les *Hauts-Plateaux* avec leurs chotts (étangs salés), leurs pâturages et leurs champs d'alfa; — au sud le *Sahara*, terre embrasée, région des oasis et des dattiers.

6. **Cours d'eau.** — L'Algérie est pauvre d'eau; ses rivières ne sont guère que des torrents, souvent à sec en été. Pour régulariser leur cours et venir en aide à l'agriculture, on a dû établir des réservoirs et des barrages qu'il faudra multiplier.

Une seule rivière, le *Chélif*, né dans la chaîne saharienne, traverse les Hauts-Plateaux et le Tell pour se jeter dans la mer. La *Macta*, un peu plus à l'ouest, se rend dans la baie d'*Arzew*. — Le *Rummel*, à l'est, gronde au pied du rocher de *Constantine*. — La *Seybouse* se jette dans la rade de *Bône*. — La *Medjerda* prend sa source en Algérie et achève son cours en Tunisie près des ruines de Carthage.

7. **Climat. Population.** — Le climat de l'Algérie est sain. Le Tell a presque la même température que le midi de la France. Les Hauts-Plateaux ont des hivers froids et des étés très chauds. Le Sahara est brûlé par un soleil implacable.

La population totale de l'Algérie est évaluée à 4 *millions et demi d'habitants*, dont plus de 3 millions et demi sont indigènes, c'est-à-dire Arabes ou Kabyles, et professent la religion de Mahomet.

8. **Divisions politiques. Villes.** — On a partagé l'Algérie en trois grands départements ou provinces : Alger, Oran, Constantine, ainsi nommés de leurs chefs-lieux respectifs.

DÉPARTEMENTS	CHEFS-LIEUX	VILLES IMPORTANTES
Alger	*Alger* (99.000 h.)	Tizi-Ouzou, Médéa, Miliana, Orléansville.
Oran	*Oran* (80.000 h.)	Mostaganem, Mascara, Sidi-bel-Abbès, Tlemcen.
Constantine	*Constantine* (48.000 h.)	Bône, Philippeville, Bougie, Sétif, Guelma, Batna.

9. **Chemins de fer. Commerce.** — Les chemins de fer algériens forment un réseau de près de 3.000 kilomètres. L'artère principale est la grande ligne d'*Oran à Tunis*, par *Alger* et *Constantine*, avec embranchement sur les ports d'*Arzew*, de *Bougie*, de *Philippeville*, de *Bône* et de *Bizerte* (Tunisie).

Commerce. — Nous achetons aux Algériens du vin, des moutons, du minerai de fer, du phosphate de chaux, de l'alfa, etc. En revanche nous leur vendons des objets fabriqués : machines, étoffes, vêtements, outils, armes, etc. Les progrès de l'agriculture et le développement de l'industrie minière assurent à la « France africaine » un avenir prospère.

Tunisie, Afrique occidentale (v. carte p. 20), Madagascar, etc.

10. La **Tunisie** à l'est, le Maroc à l'ouest, sont des dépendances naturelles de l'Algérie. Depuis 1881, la Tunisie est placée sous notre protectorat. Elle est gouvernée par un bey assisté du résident général de France.

Tunis (150.000 hab.), capitale, s'élève près de la mer; son port se nomme *La Goulette*. Autres villes : ports de *Bizerte* et de *Sfax*; *Kairouan*, ville sainte des musulmans.

Les productions du pays sont les mêmes que celles de l'Algérie. Quant à la population, également de même origine, elle est plutôt pacifique et laborieuse.

11. Le **Sénégal** (chef-lieu Saint-Louis), doit son nom au fleuve qui descend du Fouta-Djalon et baigne Kayes et les principaux établissements français. *Dakar*, près du cap Vert, est un port de relâche pour les navires allant de Bordeaux au Brésil et à la Plata (Amérique du Sud).

12. A l'est du Sénégal s'étend le **Soudan** ou pays noir, peuplé de races guerrières et arrosé par le *Niger*. Notre drapeau flotte à *Bammako*, à *Tombouctou*, et la domination française s'étend au sud, dans la grande boucle du Niger, jusqu'au golfe de Guinée : *Grand-Bassam* (sur la côte d'Ivoire); Grand-Popo; *Kotonou;* Abomey, capitale du Dahomey (sur la côte des Esclaves). Mais les Anglais détiennent le cours inférieur et les bouches du Niger.

Le Sénégal, le Soudan et la Guinée produisent : l'huile d'arachide et de palmes, la gomme, le caoutchouc, le coton, la noix de kola, l'indigo, l'or, l'ivoire, etc.

13. Le **Congo français** est séparé de l'État libre du Congo (sous la souveraineté du roi des Belges) par le fleuve qui donne son nom à cette région. Nous possédons une partie de la rive

droite, avec les établissements de *Libreville* (sur le Gabon), de *Franceville* (sur l'Ogooué), de *Brazzaville* (sur le Congo). De plus, nous avons un littoral très étendu, et le port de *Loango* sur l'océan Atlantique. Mais, là aussi, nous ne sommes pas maîtres de l'embouchure du fleuve.

Productions principales : caoutchouc, ivoire. Populations de race nègre.

14. **Madagascar** nous appartient depuis 1895. C'est une grande île montagneuse dont la superficie (592.000 kilomètres carrés) est sensiblement supérieure à celle de la France.

Les côtes sont marécageuses et malsaines ; par contre les hauts plateaux de l'intérieur paraissent salubres et propres à la culture ainsi qu'à l'élevage. On y a découvert d'importantes richesses minérales, qui seront exploitées lorsque nous aurons établi des lignes de chemins de fer. Les Malgaches appartiennent à la race des hommes bruns, mais non pas noirs.

Villes principales : *Tananarive* (60.000 hab.), capitale, sur le plateau d'Imérina ; ports de *Tamatave*, sur la côte orientale, et de *Majunga*, sur la côte occidentale. Au nord, la baie de *Diégo-Suarez*, près du cap d'Ambre, est le meilleur mouillage de l'île.

Madagascar est séparée de l'Afrique par le canal de Mozambique, à l'entrée duquel nous avons plusieurs îles : les **Comores**, **Mayotte, Nossi-Bé**.

15. A 500 kilomètres à l'est de Madagascar, en plein océan Indien, nous possédons l'île de **La Réunion**, capitale Saint-Denis. La Réunion, l'une de nos plus vieilles colonies, s'est appelée autrefois île Bourbon.

Productions : café, vanille, canne à sucre, etc.

Sur la mer Rouge, et près du détroit de Bab-el-Mandeb, la France occupe la baie de Tadjourah, avec les ports d'**Obock** et de **Djibouti**, lieux de ravitaillement pour nos navires.

EN ASIE

16. En Asie, depuis qu'au siècle dernier nous avons perdu les Indes, tout l'effort de la France s'est concentré sur la presqu'île indo-chinoise dont nous avons la moitié orientale ; c'est-à-dire la **Cochinchine française**, le **Cambodge**, l'**Annam**, le **Tonkin**. De l'Inde, il ne nous reste plus que cinq villes ou comptoirs de commerce : sur la côte de Malabar, *Mahé ;* sur la côte de Coromandel, *Chandernagor ; Yanaon ; Pondichéry*, chef-lieu de nos établissements ; et *Karikal*.

17. La **Cochinchine**, chef-lieu Saïgon (70.000 hab.), port important, est très fertile, arrosée par les bouches du Mékong. Mais son climat, de même que celui du Cambodge, est très chaud, très humide, et ne convient pas aux Européens.

18. Le **Cambodge**, capitale Pnom-Penh, possède les rives du grand *lac Tonlé Sap* et le port de *Chantaboun*, dans la région enlevée au Siam.

On y cultive le riz, le maïs, le coton, la canne à sucre, le tabac, le poivre, etc.

19. L'**Annam**, entre les montagnes et la mer, est une longue bande de territoire reliant le Tonkin à la Cochinchine. Capitale : Hué ; port principal *Tourane*. La partie septentrionale ou *Laos* est montagneuse et salubre.

Le grand fleuve *Mékong*, qui vient de Chine, arrose l'Annam, le Cambodge et la Cochinchine ; malheureusement il est embarrassé d'écueils et peu navigable.

20. Le **Tonkin**, capitale Hanoï (100.000 hab.) ; port principal *Haï-Phong*, est arrosé par le *fleuve Rouge*. Ce pays nous met en contact avec la Chine, un des plus grands marchés qui soient au monde.

Productions : riz, soie, coton, thé, bois précieux. Gisements de houille et de métaux variés.

Nos possessions indo-chinoises sont administrées par un *gouverneur général* français, qui a sous sa dépendance l'empereur d'Annam et le roi du Cambodge. La population totale de l'Indo-Chine française peut être évaluée à 20 millions d'habitants environ appartenant à la race jaune.

EN OCÉANIE

21. En Océanie, nous avons une centaine d'îles groupées en archipels : *îles* de la Société (Tahiti), **Marquises, Tuamotou, Gambier, Toubouaï**, etc.

22. La **Nouvelle-Calédonie**, chef-lieu Nouméa, trois fois grande comme la Corse, en est la plus importante. C'est un lieu de déportation pour les forçats.

EN AMÉRIQUE

23. La France possède, en Amérique : les îles **Saint-Pierre** et **Miquelon**, près du grand banc de Terre-Neuve où l'on pêche la morue ; les **Antilles françaises** ; la **Guyane française**.

24. La **Guadeloupe**, chef-lieu Basse-Terre ; port principal *Pointe-à-Pitre*. La **Martinique**, chef-lieu Fort-de-France ; ville principale *Saint-Pierre*, sont les plus importantes parmi les Antilles françaises.

On y cultive la canne à sucre, le coton, le café, le cacao, le tabac, etc.

25. La **Guyane française**, chef-lieu Cayenne, dans l'Amérique du Sud, est un pays à la fois très fertile et très malsain. Les **îles du Salut**, au nord de Cayenne, sont désignées pour recevoir des déportés.

26. Entre la Guyane française et le Brésil s'étend un « territoire contesté », c'est-à-dire revendiqué par les deux pays.

Devoirs. — **14.** En quelle année avons-nous conquis Madagascar ? Quelle est sa superficie ? Le climat de cette grande île est-il salubre ? De quelle utilité y serait un chemin de fer ? A quelle race appartiennent les Malgaches ? Quelle est la capitale de l'île ? Quels en sont les ports principaux ? Quel détroit sépare Madagascar de l'Afrique ? Quelles îles avons-nous à l'entrée de ce détroit ? — **15.** Quelle île possédons-nous en plein océan Indien ? A quelle distance de Madagascar ? Quel est le chef-lieu de l'île ? Comment se nommait cette île autrefois ? Quel point occupons-nous sur la mer Rouge ? A quoi nous servent ces stations ? — **16.** Quelles colonies avons-nous en Asie ? Quelles sont les cinq villes qui nous restent dans l'Inde ? — **17.** Quel est le chef-lieu de la Cochinchine ? Les Européens supportent-ils le climat du Cambodge et de la Cochinchine ? — **18.** Quelle est la capitale du Cambodge ? Quel lac ? Quel port y trouve-t-on ? Quels produits cultive-t-on au Cambodge ? — **19** Quelle est la capitale de l'Annam ? Son port principal ? Comment se nomme la partie septentrionale montagneuse et salubre ? Pourquoi le Mékong est-il peu navigable ? — **20.** Quelle est la capitale du Tonkin ? Son port principal ? Quel fleuve arrose ce pays ? Qui avons-nous pour voisins dans la région nord ? Quels sont les produits du Tonkin ? Quelle est la population totale de l'Indo-Chine française ? A quelle race appartiennent les habitants ? — **21.** Combien avons-nous d'îles en Océanie ? Citez les principales ? — **22.** Quel est le chef-lieu de la Nouvelle-Calédonie ? Quel genre de population la France y envoie-t-elle ? — **23.** Quelles sont nos colonies en Amérique ? A quoi nous servent Saint-Pierre et Miquelon ? — **24.** Que savez-vous de la Guadeloupe ? De la Martinique ? Que cultive-t-on aux Antilles ? — **25.** Quel est le chef-lieu de la Guyane française ? Que vaut le climat de cette colonie ? A quoi servent les îles du Salut ? — **26.** Où se trouve le contesté franco-brésilien ? Pourquoi ce nom ?

GRANDES LIGNES DE NAVIGATION. *(Voyages au long cours.)*

TRAJET		DISTANCE	DURÉE	TRAJET		DISTANCE	DURÉE
Du Havre	à New-York	5.720 kil.	7 à 8 jours.	De Marseille	à Tunis	880 kil.	35 h^res.
De St-Nazaire	à la Martinique	6.800 —	12 —	—	à Port-Saïd	2.880 —	5 jours.
—	à la Guadeloupe	6.700 —	12 —	—	à Suez (canal)	3.040 —	7 —
Bordeaux	à Dakar (Sénégal)	4.400 —	7 —	—	à Aden	5.440 —	11 —
—	à Rio-de-Janeiro	9.200 —	19 —	—	à Chandernagor (Inde)	12.000 —	25 —
—	à Buenos-Ayres	11.600 —	24 —	—	à Saïgon (Cochinchine)	13.440 —	27 —
Marseille	à Alger	760 —	26 h^res.	—	à Chang-Haï (Chine)	16.800 —	34 —
—	à Bône	920 —	35 —	—	à Yokohama (Japon)	19.810 —	42 —
—	à Oran	1.060 —	36 —	—	à Nouméa (Nouvelle-Calédonie)	21.930 —	42 —

www.ingramcontent.com/pod-product-compliance
Lightning Source LLC
LaVergne TN
LVHW020550060726

842525LV00004B/1379